本书得到以下支持：

- 2016科技成果转化——提升计划项目——北京旅游形象国际整合营销与创新传播战略研究（市级）
  （项目编号：TJSHS201310031011）
- 教师队伍建设——组织部高创计划教学名师（市级）
  （项目编号:PXM2016_014221_000010_00206291_FCG）
- 2015年北京社科规划基地项目——"一带一路"背景下京津冀旅游一体化战略研究
  （项目编号：15JDJGA006）
- 国家自然科学基金项目——基于地格视角的旅游目的地品牌基因选择研究(2017～2020)
  （项目编号：71673015/G031031）
- 本书同时得到中国"一带一路"战略研究院和北京第二外国语学院遗产研究中心两机构的支持。

MTA经典案例丛书

大美长白山

Great beauty–ChangBai Mountain

邹统钎　主编

经济管理出版社
ECONOMY & MANAGEMENT PUBLISHING HOUSE

图书在版编目（CIP）数据

大美长白山/邹统钎主编．—北京：经济管理出版社，2016.7
ISBN 978 - 7 - 5096 - 4037 - 1

Ⅰ.①大… Ⅱ.①邹… Ⅲ.①长白山—旅游业发展—案例 Ⅳ.①F592.734

中国版本图书馆 CIP 数据核字(2015)第 266334 号

组稿编辑：王光艳
责任编辑：许 兵 吴 蕾
责任印制：黄章平
责任校对：王 淼

出版发行：经济管理出版社
　　　　　（北京市海淀区北蜂窝 8 号中雅大厦 A 座 11 层　100038）
网　　址：www. E - mp. com. cn
电　　话：(010) 51915602
印　　刷：北京玺诚印务有限公司
经　　销：新华书店
开　　本：720mm×1000mm/16
印　　张：10.5
字　　数：154 千字
版　　次：2017 年 1 月第 1 版　　2017 年 1 月第 1 次印刷
书　　号：ISBN 978 - 7 - 5096 - 4037 - 1
定　　价：58.00 元

旅游管理专业学位硕士研究生 (MTA) 案例丛书编委会

编委会主任

顾晓园　北京第二外国语学院党委书记

曹卫东　北京第二外国语学院校长、教授

主编

邹统钎　北京第二外国语学院校长助理、研究生处处长、教授

　　　　全国 MTA 教育指导委员会委员

　　　　世界旅游城市联合会（WTCF）专家委员会副主任

　　　　中国旅游协会旅游教育分会副会长

副主编

林德荣　厦门大学旅游与酒店管理系主任、教授

　　　　全国 MTA 教育指导委员会委员

吴忠军　桂林理工大学旅游学院院长、教授

编委 （按拼音排序）

把多勋　西北师范大学旅游学院院长、教授

卞显红　浙江工商大学旅游规划研究院院长、教授

Cang Shuang　Bournemouth University, Professor

蔡　红　首都经济贸易大学旅游管理系主任、教授

陈　荣　中国国旅集团副总裁

陈　耀　海南省旅游发展委员会巡视员

丁俊伟　常州嬉戏谷有限公司总经理/执行董事

Nelson Graburn University of California at Berkeley, Professor

谷慧敏　北京第二外国语学院酒店管理学院院长、教授

郭英之　复旦大学旅游系教授

侯长森　吉林省长白山保护区管理委员会旅游集团董事长

韩玉灵　北京第二外国语学院教授、全国 MTA 教育指导委员会委员

黄远水　华侨大学旅游学院院长、教授

李瑞峰　江西省旅游发展委员会副主任

厉新建　北京第二外国语学院旅游管理学院院长、教授

刘大可　北京第二外国语学院经贸与会展学院院长、教授

刘　锋　巅峰智业集团首席顾问

骆欣庆　北京第二外国语学院 MTA 中心主任、副教授

江金波　华南理工大学经济与贸易学院副院长、教授

马金刚　青海省旅游局副局长

Fang Meng South Carolina University, Associate Professor

Noel Scott University of Queensland, Professor

孙根年　陕西师范大学旅游与环境学院教授

魏红涛　首都旅游集团有限责任公司党委副书记，
　　　　全国 MTA 教育指导委员会委员

杨维虎　贵州格凸河旅游开发总公司董事长

叶文智　黄龙洞投资股份有限公司总经理，
　　　　天下凤凰文化传播有限公司董事长

余昌国　国家旅游局人事司副司长

张朝枝　中山大学旅游学院副院长、教授

张河清　广州大学中法旅游学院院长、教授

张　涛　呀诺达雨林文化旅游区董事长

总　序

　　2010 年 9 月，国务院学位委员会设立了旅游类专业学位硕士——旅游管理专业学位硕士（Master of Tourism Administration），简称 MTA。MTA 主要招收具有一定实践经验，并在未来愿意从事旅游业工作的人员，其目标是培养具有社会责任感和旅游职业精神，掌握旅游管理基础理论、知识和技能，具备国际化视野和战略思维能力，敢于挑战现代旅游业跨国发展的高级应用型旅游管理人才。我国共有 56 所高校获得了第一批旅游管理专业学位硕士（MTA）授予权。

　　MTA 可以借鉴 MBA 的经验，但是 MTA 绝对不能照搬 MBA 的模式，由于行业特征突出，在规模上无法同 MBA 相比，因而专注行业、服务地方才是 MTA 的制胜之道。

一、世界名校 MTA 教育经验

　　瑞士洛桑酒店管理学院、美国康奈尔大学、佛罗里达国际大学和中佛罗里达大学、香港理工大学都是世界上旅游管理专业名列前茅的学校，它们在培养目标定位、课程设置和就业指导方面各具特色，培养了一批又一批世界级的旅游行业领袖。

1. 培养目标定位

　　世界著名旅游院校在专业学位硕士培养方面都有自己明确的目标定位。洛桑酒店管理学院的酒店管理硕士 MHA 的定位是培养酒店业的领导者，而且要培养与酒店相关的一般服务行业的领导者；康奈尔大学的酒店管理硕士 MMH 的定位是培养新一代的世界最大和最具活力的产业领袖，而且是能够引领酒店业潮流的领袖；佛罗里达国际大学酒店管理硕士的定位是培养旅游与酒店行业的领导者；中佛罗里达大学旅游与酒店管理硕士的定位是培养集教育、科研、学术于一身的产业领袖；香港理工大学旅游与酒店管理硕士的定位是培养全球旅游与酒店行业的国际领袖、教育家以及研究人员。从上述可以看出这几所学校的旅游与酒店管理硕士的培养目标都是领导者，但具体的定位各有特点，见表1。

表1　世界旅游名校旅游管理专业学位硕士项目的定位与特色

学校	目标定位	特色
洛桑酒店管理学院	酒店及酒店相关行业的领袖	不仅局限于酒店行业，更渗透到一般服务业
康奈尔大学	新一代世界级产业领袖	"世界级"，而且能引领酒店业潮流
佛罗里达国际大学	旅游与酒店行业的领导者	一般领导者
中佛罗里达大学	酒店和旅游方面集教育、科研、学术于一身的产业领袖	集教育、科研、学术于一身
香港理工大学	全球旅游与酒店行业的国际领袖、教育家以及研究人员	不仅培养行业领袖，也培养教育家和科研人员

2.课程设置

课程设置是教育教学中非常重要的一个环节，它关系到整个教学过程如何展开。世界著名的旅游院校的课程大都由三部分组成：理论课、实践课以及毕业论文报告。但在具体课程设置上不同学校各具特色。

洛桑酒店管理学院的理论课主要表现为四大模块：酒店艺术、管理科学、战略和公司愿景以及创新和领导。在不同的模块下面设置不同的课程，酒店艺术和管理科学模块主要是让学生对酒店业有基本了解并掌握一些财务知识和技能；战略和公司愿景以及创新和领导模块主要是让学生了解最新的行业动态并掌握适应行业需要的领导能力。实践课主要包含四个实践项目：管理业务项目、职业生涯工作坊、专业发展小组和行业游历。

康奈尔大学MMH的理论课主要包括核心课（如公司财务、管理会计、服务营销管理、运营管理和人力资源等）、集中选修模块课（如市场营销、运筹和税收管理、房地产金融与投资等）和自由选修课，实践项目包括专业培养项目、领导培养计划、实习、酒店管理论坛和大师课堂。

佛罗里达国际大学和中佛罗里达大学的课程设置基本一样，都包括必修课和选修课以及毕业实习。香港理工大学的理论课是由必修课（如旅游与酒店营销、旅游与酒店人力资源、研究方法等）、选修课（如信息管理、文化旅游、服务质量管理、会展管理、旅游战略管理、会议旅游等）以及一些特殊选修课（如会议和事件管理等）组成，实践课包含一个学习技能工作坊。

从以上资料来看，由于不同学校的文化背景不同，目标定位也不同，因而课程设置突出了不同的重点，见表 2。

表 2 旅游管理硕士课程设置特点

学校	课程设置特点
洛桑酒店管理学院	理论教学主要集中在商学领域，强调操作技能和全面管理，实践教学重在培养学生的岗位适应能力
康奈尔大学	理论教学主要集中在商业和管理领域，实践教学注重培养学生的领导能力
佛罗里达国际大学	理论教学注重管理技能和研究方法的培养，实践教学主要集中在产业实习上
中佛罗里达大学	理论教学注重培养学生的职业能力和综合素质，实践教学注重行业经验的获取
香港理工大学	理论教学主要集中在经济管理以及语言上，并注重研究方法的使用，实践教学注重产业适应能力的培养

3. 就业指导

就业指导工作是旅游教育中非常重要的一个部分，它在一定程度上关系到学生的就业率以及学校的生源。世界旅游名校旅游与酒店硕士教育在就业指导方面有一些非常成功的经验。一是重视就业指导，主要表现在将就业指导贯彻整个教学的始终，从学生进入学校起就开始培养他们就业的各种技能，并在不同的阶段开展不同的培训课程和实践活动。二是拥有庞大的校友网络，通过多年的积累，校友网络能把历届优秀的校友联系在一起，形成非常强大的资源，为学生提供良好的职业发展机会。当然不同的学校在就业指导方面各具特色，具体的比较如表3所示。

表3　就业指导的机构与功能

学校	就业指导情况
洛桑酒店管理学院	设有就业指导中心；拥有分布于120个国家的近25000人的校友网络
康奈尔大学	为每位学生安排一位业界校友作为成长导师并提供就业指导；拥有11000人的校友网络
佛罗里达国际大学	设有职业规划办公室，提供各种职位信息；校友协会，提供各种就业机会
中佛罗里达大学	设有职业发展中心、职业发展工作坊、个人评估的工具（迈尔斯布里格斯类型指标）

二、我国 MTA 教育的发展方向

1. 明确培养目标，培养全球旅游产业领袖

国务院《关于加快发展旅游业的意见》（国发〔2009〕41号）提出"把旅游业培育成为国民经济战略性支柱产业和人民群众更加满意的现代服务业"，"力争到2020年我国旅游产业规模、质量、效益基本达到世界旅游强国水平"的战略目标。另外，到2015年，预计我国游客市场总量可达35亿人次。伴随着旅游市场需求的多样化，届时我国旅游业对高层次应用型人才的需求将更大。结合我国旅游发展的战略要求和旅游市场的人才需求，借鉴国外旅游管理硕士教育经验，我们提出MTA要培养全球产业领袖。即培养具有社会责任感和旅游职业素养、具备国际化视野和战略思维能力、能够胜任现代旅游业实际工作的全球领袖人才。为确保旅游产业领袖目标的实现，MTA的课程设置、师资配备、教学方法、就业指导等方面也都要以此为指导全面展开，并落到实处。

2. 完善课程体系，创新课程设置

在课程设置上，借鉴国外优秀的教育经验，并结合本国旅游产业环境的实际情况，将 MTA 课程体系分为五部分：公共基础课、MTA 核心课、MTA 必修课、MTA 选修课和 MTA 模块课。

公共基础课主要包括英语、哲学、传统文化等课程。

MTA 核心课主要包括管理的一些基础课程，如旅游会计学、旅游营销学、旅游运营和管理、旅游公司理财、旅游战略管理、旅游法律法规、旅游信息系统与电子商务、旅游人力资源、旅游前沿理论等，使学生全面了解并掌握旅游行业管理中所需的基本知识和技能。

MTA 必修课主要包括领导科学和艺术、服务精神与艺术、管理经济学、管理统计学、文献阅读与论文导向等，使学生对自己的定位——旅游产业领袖的特质领导能力和服务精神有更加深入的了解，同时也培养了他们作为研究生应具备的写作能力。

MTA 选修课主要包括旅游目的地、旅行社、酒店以及会展等方向的一些细分课程以及关于旅游产业领袖和旅游服务精神的专题课程等。学生可以选择自己感兴趣的方向，深入了解，找准自己的定位。

MTA 模块课主要包括旅游企业财务、战略、人事、营销、国际化和新业态六个模块，这些模块课都是在企业现场教学，使学生对企业各个方面的操作和运营有一个真实的了解，并锻炼学生在真实的环境中解决问题的能力。

3. 建立校友网络，加强就业指导

综合几所世界旅游名校的就业指导经验，可以看出校友网络在促进就业上扮演着越来越重要的角色。我国 MTA 院校也应建立 MTA 校友会，以加强各界校友的联系，为学生提供更广阔的学习交流平台和实习就业机会。同时，设立 MTA 就业指导中心，提供全面的就业指导服务。第一学年，帮助学生做一个个人评估，让学生了解自己的职业兴趣和能力偏向，制定出自己的职业规划；第二学年，开展求职讲座和求职技巧培训，并提供各种产业实习的机会。最后，及时提供和更新各种企业的职位招聘信息，并对毕业生提供一对一的就业指导。

三、BISU-MTA——未来旅游产业领袖的摇篮

北京第二外国语学院MTA（简称BISU-MTA）是国内MTA的急先锋。2010年10月下旬，国务院学位委员会成立了首届全国旅游管理专业学位硕士研究生教育指导委员会。在此之前，2010年9月25日，由北京第二外国语学院、中国旅游人才发展研究院、北京旅游发展研究基地联合举办的"中国旅游高端人才培养与MTA项目实施研讨会"在北京国际饭店隆重召开。与会者就MTA的人才培养模式进行了智慧碰撞。

1.BISU-MTA的核心理念

（1）人才培养类型——旅游产业领袖。北京第二外国语学院在国家旅游局的指导下，在学校领导的支持下，创造性地提出了MTA培养的核心理念，即培养未来旅游界的产业领袖。旅游产业领袖就是具有全球愿景和国际化视野，在竞争激烈的国际旅游市场中敢于冒险和挑战，具有创新和团队合作能力，领导追随者实现组织目标的人。

（2）战略途径——国际化、产学研一体化。国际化包括与国外旅游院校的交流合作、师资团队的国际化、教学环境的国际化以及学生参与国际学习和实习的机会。目前北京第二外国语学院旅游管理学院的国际化主要体现在教师的国外交流、国际项目合作、招收留学生三方面。为了培养全球旅游产业领袖，北京第二外国语学院将进一步引进国外的师资，在MTA的授课中采取双语或纯英语教学，并建立更多国外实习基地。

产学研相结合中的"产"是指校内外的各类产业和生产实践活动，产业需求是院校办学的立足点和驱动力；"学"是指教育教学，包括理论教学和实践教学以及对学生知识能力、综合素质的培养和教育，"学"是办学之本，是产学研的核心；"研"是指教研、科研等实践活动，"研"是办学的先导和技术支撑。北京第二外国语学院以服务国家旅游产业、服务北京建设世界旅游城市为己任。为培养旅游产业领袖，北京第二外国语学院将进一步完善

产学研一体化体系建设，真正做到以研助产、以研促学、以产辅学。

2.BISU-MTA 的方向设置与课程体系

MTA 的培养与普通旅游管理硕士的培养有明显的不同，MTA 教育在教学内容上坚持理论与实践相结合，突出旅游业关联性强、辐射面广和构成复杂的特点，在核心必修课程的基础上，融合不同的模块课程进行旅游管理能力和专业业务能力的培养。

北京第二外国语学院的 MTA 设置六个培养方向，分别是：酒店管理、旅行社管理、旅游景区管理、会展管理、旅游公共管理和旅游新业态管理。课程体系分为五大部分，分别为：公共基础课、MTA 核心课、MTA 必修课、MTA 选修课和 MTA 模块课。其中公共基础课主要是英语、哲学和传统文化学习，其他课程的详细内容如表 4、表 5、表 6、表 7 所示。

表 4　MTA 核心课

旅游法律法规	旅游人力资源
旅游会计学	旅游营销学
旅游运营与管理	旅游公司理财
旅游战略管理	旅游信息系统与电子商务
旅游前沿理论	

表 5　MTA 必修课

领导科学与艺术	服务精神与艺术
管理经济学	管理统计学
文献阅读与论文导写	

表 6　MTA 选修课

旅游休闲经济理论与实践	旅游产业政策解读
旅游目的地开发与规划	旅游创业与创新
旅游市场营销理论与实践	旅游新业态
旅行社管理与实践	服务管理新技术、新方法
酒店管理理论与实践	旅游产业领袖专题
旅游景区经营与管理	旅游服务精神专题
会展经济与管理	服务质量管理
旅游商务英语	旅游企业文化

表 7　MTA 模块课

旅游企业财务模块	旅游企业营销模块
旅游企业战略模块	旅游企业国际化模块
旅游企业人事模块	旅游新业态模块

3.BISU–MTA 的三大教学方法与五大师资力量

MTA 教育在教学方法上要注重启发学生思维，将课程讲授、案例研讨、团队学习和专业见习与实习等多种方式相结合，旨在培养学生的思维能力及分析问题和解决问题的能力。北京第二外国语学院的 MTA 借鉴国外专业学位硕士教育的经验，采取了以下三种教学方法：

（1）案例教学。北京第二外国语学院将通过同地方旅游局、旅行社、酒店、景区、会展等机构合作创建 MTA 案例库，在真实的旅游产业环境中培养学生角色扮演、行业分析、寻找解决方案的能力与方法。

（2）产业问题学习法（FBL）。产业问题学习法（以下简称 FBL）是哈佛商学院的教学方法之一，它是由三个或三个以上的人组成团队，在教师指导下，同赞助机构紧密合作，解决现实的产业问题。FBL 同样可以运用到 MTA 的教学中，通过带领学生到旅行社、酒店、旅游景区、航空公司等具体的旅游产业环境中去解决现实的产业问题，培养学生的问题处理和决策能力。

（3）现场体验学习法（IE）。现场体验学习法为学生提供一个"浸入"到全球学术、文化以及不同组织中工作的机会，使学生能够将课堂学到的一些领导理念运用到管理实践中，并与社团和企业领导人进行直接的互动。在MTA 的教学中，尽量为学生提供游学的机会，到不同的国家和地区获取真实体验和经历。

实行双语教学与纯英语教学。为促进 MTA 教育的国际化，北京第二外国语学院 MTA 主要采取双语教学或纯英语教学。纯英语教学主要由外国教师担任，使学生拥有良好的英语学习环境，同时培养学生双语学习的能力，为国际化事业打好语言基础。

　　MTA 的师资来源是保证 MTA 教育成败的关键。按照国家旅游局的要求，结合学校特色与实力，北京第二外国语学院提出了 MTA 五大师资来源，分别是：业界领袖，国内旅游业公认的领军人物；咨询机构，旅游业内著名咨询师；政府工作人员，国家旅游局、各地方旅游局相关政策制定者；高校名师，北京第二外国语学院 3 位副校长、5 位学院院长挂帅 MTA 课堂，国内著名教授；世界名流，国际大型旅游集团总裁，国际知名学者。

四、BISU–MTA 的六个合作领域

　　MTA 教育强调实用性，因此需要与产业界人士建立广泛而深入的联系，从产业的人才需求出发，开设课程，进行培养。在产业合作方面，北京第二外国语学院提出了六大合作领域。

1. 调研合作

　　MTA 培养旅游行业实用型高级人才，因此，对企业人才需求的准确把握就显得尤为重要。北京第二外国语学院将深入企业一线进行调研，真正了解企业人才的需求现状，根据企业需求，设定培养方案，然后再交由企业修改，如此反复，最终制定出准确、有效的 MTA 培养体系。

2. 导师合作

　　MTA 实行双导师制，一名学生由两名导师指导，包括学术界的导师和产业界的导师。北京第二外国语学院将邀请业内的行业领袖来担任 MTA 学员的第二导师，让现今的行业领袖去培养未来的行业领袖。

3. 定制合作

　　与一些大型旅游企业或各旅游局合作培养 MTA 学员，实现 MTA 培养的定制化。对这些 MTA 学员，可以根据企业或者地方特色，开设特色课程，使旅游人才的培养更具有针对性。

4. 课程合作

现在很多企业内部都有成型的培训课程体系，北京第二外国语学院将邀请有成型培训课程的企业老师带着课程进课堂，因为这些课程真正来源于企业一线实践。将企业内部的课程放到 MTA 平台上来，将惠及更多的业内人士。

5. 案例合作

MTA 教育的一个重要内容就是案例教学，北京第二外国语学院首先提出了两年 30 个高质量案例的教学模式。通过对我国旅游企业的案例整理，建立具有中国特色的 MTA 案例库。

6. 实习基地的战略合作

与众多旅游企业建立战略层面上的合作，包括建立实习基地、学员就业推荐、MTA 教师进入企业顶岗培训、企业管理层在岗培训等。北京第二外国语学院目前已经建立了 30 余家战略合作实习基地，未来还将建立 30 家左右的实习基地，打造 MTA 实践教学的平台。

邹统钎

2016 年 1 月 1 日

目　录

第一章　探秘长白山

　　长白山既是一座山峰，又是一座山脉，更是一片山地，北起完达山脉水麓，南延千山山脉老铁心，长约1300余千米，东西宽约400km，总面积约28平方千米。犹如关东的脊梁横亘在祖国的东北边陲。她风景秀丽，景色迷人，物产丰饶，是我国与五岳齐名的名山大川，地处我国东北、吉林省东南部，是中国与朝鲜民主主义人民共和国的界山。她千百年矗立于我国东北边陲，自古以来就被赋予了浓

图 1-1　长白山远观

厚的神秘色彩。她是一个神话的王国，金朝和清朝的祖先都以长白山为发祥地，"天帝送子"、"龙兴宝地"的传说延绵于耳。这里的一山一水、一草一木都浸透着神话的色彩。她是美丽富饶的生态天堂，是我国1276个自然保护区中最早建立的，也是最早加入"世界生物保护圈网络"的自然保护区。在核心保护区内，全部都是原始森林，森林覆盖率达到90%以上。时至今日，长白山神秘依旧，"天池怪兽"之谜依然无从知晓。千万年来，长白山的生态价值、长白山大地上的民族交融以及其独特的森林文化吸引着世人的眼光，而人类和这座山的关系日渐成为全世界为之瞩目的课题。

第一节　掀起长白山神秘面纱

> 辽东第一佳山水，留到于今我命名。
>
> ——天池钓叟刘建封

在今日中国的版图上，幅员 8000 多平方千米的长白山保护区，北及吉林省安图县的松江镇，西始于抚松县的松江河，东止于和龙县境内的南岗岭，南部直至朝鲜半岛东北部的盖马高原。200 多年以来，长白山依然神秘莫测，如同一个无法窥见的精灵隐藏在迷雾之中。长白山上奇异的景色和质朴的风光，堪称天下一绝，远望长白山，天地间似一雄伟的莽龙横亘在碧雪之间，轻纱般的白云轻拂着她的面颊，湛蓝的天空映衬在她的身后，葱绿绵长的体态，展现其雄姿与美貌。她常年的积雪，高插云霄的群峰，像集体起舞时朝鲜族少女的珠冠，银光熠熠；色彩斑斓的山峦，犹如孔雀开屏，艳丽迷人。长白山之美，美在自然，美在神奇。千百年来人迹罕至，自然景观和资源很少遭到破坏，保持着完整的自然生态和原始面貌。

一、勘探伊始

长白山的形成早在喜马拉雅造山运动之前，大约是更新世纪与上新世纪之间，因有地壳断裂的推动作用逐渐隆起一片台地，又经过多次火山喷发作用而形成了以天池为主要火山通道的庞大火山锥体，距今至少有 1200 万年的历史。但是有语言和文字留下来的历史，只能上溯到 4000 多年前，在《山海经》中记录道："大荒之中有山，名不咸，在肃慎之国。"千百年来，人们从未停止过对长白山的探寻，而人类对白山开始真正意义上的探寻历史始于清朝。公元1677年，清圣祖康熙皇帝派大臣武穆纳，沿松花江北上，探查清王朝"龙兴之地"，然而旅途遥远，条件艰苦，武穆纳并未深入到长白山腹地。之后清王室又先后12次派人探测勘察长白山，但每次都是浮光掠影，半途而废，从不曾一窥这座神山的全貌。直到公元1908年，奉吉勘界委员刘建封带领十余人历经120天，900多华里的勘探旅行，以极其匮乏的物质条件和设备，史无前例地踏查了奉吉两省界限，三江源头，中朝国界，考证命名了长白山十六峰和二百四十个江岗，将这座东方大山的面貌完整地展现在世人面前，为我们掀开了长白山的神秘面纱。

二、圣地封禁

清王朝对长白山的崇敬与崇仰达到登峰造极。不仅聘文人编造仙女吞朱果而生爱新觉罗氏之先人的神话，同时树立柳条边封禁长白山区为圣地，禁止人们进山放牧、采参和狩猎。康熙一生中曾三次东巡，亲自拜谒长白山，曾亲自撰写文章《祭告长白山文》，将长白山归为五岳之祖，"长白山之龙，放海而泰山也"。1678年正月，康熙再批"敕封长白山之神，礼典如五岳"，并下令封禁圣山，只许官府采珠挖参，伐木狩猎，以保护这块龙脉宝地。为了保护这片龙兴之地，从公元1644年清顺治元年开始实施封禁，康熙二十年实施完全封禁，咸丰十年（1860年）封禁政策被废除。长达240多年，长白山独自享受着严密的护卫，为今天的人们留下了一片保存完好的原始风情。

1886年，清光绪十二年，英国人杨哈斯本和詹姆斯进入长白山，成为登上长白山主峰的首批西方人。他们在长白山测定了几近于准确值的长白山主峰高度，采集动植物标本，并记录了长白山垂直地貌、气候气象环境等。随着他们采集标本的公开和考察成果的陆续发表，揭开了国际长白山学研究的序幕。

第二节 白山天水 生态天堂

诸君若到天池上，须把银壶灌玉浆。

——天池钓叟刘建封

200多年前刘建封所登上的长白山，粗犷、蒙昧，却又野趣丛生。"初时云雾迷蒙，水声轰鸣，少顷天光晴朗，始露白山真面目，放目纵观，三岗之脉，三江之源，宛在眼底"。巍峨绵延的长白山脉，像一条绿色的巨龙，横亘千里，屹立在祖国的东北边陲。

一、景自天成

长白山是东北境内喷口最大的火山体，因火山喷发涌出的灰白色、淡黄色浮岩，加上山顶常年不融的积雪，使得长白山即使在温暖的夏季也呈现出白色的光芒。她是中国最大的层状巨型复式火山，6000年来有过四次大喷发，在1199~1200年的最后一次喷发后，长白山火山主峰终于形成，这是地球有史以来较大的火山喷发之一。在火山作用停止以后，火山口内接受大气降水和地下水的不断补给，逐渐蓄水成湖，形成中国最大的也是世界上海拔最高的火山口湖——闻名遐迩的长白山天池。长白山火山、冰蚀地貌和垂直的生态带谱为其构成了峰奇、水秀、树美、石怪、谷神、洞异的奇妙天然景观。

图1-2 长白山火山

图1-3 长白山温泉群

二、奇水盛景

神州大地，有多少以天池命名的湖泊？据不完全统计，大大小小有超过 15 个之多，如长白山天池、天山天池、新疆伊犁天池等，而长白山天池水面海拔 2189 米，似碧玉坐落在长白山顶部，以世界最高的火山口湖列入《吉尼斯世界纪录》。天池水流经乘槎河，形成了落差 68 米的长白瀑布。一年四季只见出水不见入水的天池，只见入水不见出水的银环湖，不见入水亦不见出水的王池，一年四季从不见封冻的鸳鸯湖，冷水河里喷涌热泉的锦江温泉，只见水声轰鸣不见水的梯子河，星罗棋布的矿泉、温泉、冷泉寄生小火山口湖。天池在长白山顶为中心点，群峰环抱。古人云：池水平日不见涨落，每至七日一潮，因其与海水相呼吸，又名海眼。天池的水像海水一样潮汐涨落，这个秘密至今仍无法解释。当地人传说这座神秘的山一定与一片神秘的海相连，山为海之风骨，海为山之血脉。山海之间竞相呼吸，潮起潮落，相依相随。这所有的一切构成了蔚为大观、别处无法所见的奇水盛景。

图1-4 长白山天池

三、生态天堂

山清水秀，物华天宝，长白奇观，美不胜收。

——刘绍棠

康熙帝曾经为长白山留下这样一首诗："名山钟林秀，二水发真源。翠霭笼天窟，红云拥地根。千秋佳兆启，一代典仪尊。翘首瞻灵昊，岩峣逼帝阍。"来表他对长白山根基之地的深情。字字寄真情，句句表真意。而长白山也不枉世世代代子孙对她的崇仰与敬重，千万年来养育着世代子民，滋养着三江大地。

她"一山有四季，十里不同天"。长白山从山麓到山顶，在几十公里的水平

图1-5 长白山植物

距离内，随着海拔的不断升高，层次分明地呈现从北温带到北极圈 2000 多公里才能够呈现出来的植被带浓缩景观，展现出"一山有四季，十里不同天"的景象，这在地球北半球名山中极为罕见。长白山由火山锥体、山麓倾斜高原和熔岩台地三大地貌种类构成，呈现针阔叶混交林带、针叶林带、岳桦林带、高山苔原带四个植物垂直分布带组成的自然面貌，是世界其他名山所不能比拟的。万顷原始森林里草木森森，鹿鸣鸟啭，瑞气氤氲，是一个天然的大氧吧。

她是"物种基因库"，长白山保留着世界上森林景观最完整、生长最良好的原始温带森林生态系统，一望无际的林海、栖息其间的珍禽异兽。她是欧亚大陆北半球生物分布的缩影和世界上著名的生物基因库，是我国东北最高山系和欧亚大陆北半部山地生态系统的典型代表，是地球同纬度带上生物资源最为丰富的自然综合体和绿色宝库。这里栖息着 50 多种兽类，280 多种鸟类以及 1000 多种昆虫，密林深处盛产人参、五味子等药材，生存着无数古老而又独特的生物物种，如金雕、梅花鹿、东北虎等。

图 1-6　长白山动植物

　　她是"黄金水源地",长白山瀑布是长白山天池唯一的出水口,水流顺势而下流经山脉奔流入海;长白山是松花江、鸭绿江、图们江三江发源地。这里生态环境优越,远离居民点,无人为污染,雨量充沛,与欧洲阿尔卑斯山、俄罗斯高加索山一并被公认为"世界三大黄金水源"。

图1-7　长白山瀑布

第三节　倾听族人絮语

东北之外，大荒之中，有山名不咸，有肃慎之国。

——《山海经》

在广阔的东北黑土地上，古往今来繁衍生息着20余个少数民族以农、牧、林、渔、猎为生产方式的标志，是北方游牧文化、渔猎文化与北方农耕文化交融与碰撞的实验场。那些淳朴、豪放、敦厚而各具特色的各民族风俗所涵盖的东北民族文化，是一束艳丽的奇葩。

一、多元文化汇聚

在长白山这片土地上孕育了汉、满、朝鲜、蒙古、达斡尔等十个民族，定居的人口在十年前就超过了一亿，有据可查的人类文明能够上溯到几万年前。她是金、清两代女真族在中原所建皇朝的发祥地，聚居了许多满族人。同时自1894年日本吞并朝鲜后，许多满怀亡国恨的朝鲜人跨过鸭绿江、图们江到长白山区定居，因而会聚了很多朝鲜人。在清政府解除长白山封禁以后，广大的河南、山东人"闯关东"，驻扎生活在长白山周边。中原文化向关东地区大规模挺进，文化交流进入了一个新阶段，中原文化迅速在关东地区扩散，使得中原文化和关东文化在辽阔的东北大地实现了并存。山东村、河北村，河南村等在关东的平面"复制"，聚族而居，短短数年，将东北变成了全国的大粮仓。

长白山地区如同云南大理、贵州苗岭一样，具有浓厚的民族风情，而各个民族都有自己崇拜的神，自己的习俗，婚丧嫁娶生产劳作传统。既有农耕文化、狩猎文化还有游牧文化。长白山区、松花江、鸭绿江、图们江流域的民俗风情与满族、朝鲜族文化形态、中原文化相融合，既有东北独特的文化内容，又有中原地区汉民族的文化内容，形成了独特的长白山文化。例如长白山开发者的创业精神，就是中原劳动者"闯关东"形象和中华民族中亲情的传统美德的综合体。

二、满族的文化荟萃

满族是一个有着悠久历史的民族，他们是长白山脚下最古老的土著居民，其历史最早可追溯到6000~7000年前的肃慎新开流文化。肃慎、挹娄、勿吉、靺鞨、女真、满洲，都是现代满族一脉相承的祖先。满族传统以游猎、采集、捕鱼相结合，两全农业。在长白山脚下，满族人民创造了富有多重特色的地域民俗文化。

（一）仙女吞红果——满族的起源

在《满洲实录》中记述着清朝尊崇圆池为爱新觉罗家族发祥地的传说。恩古伦、正古伦，佛库伦三位仙女看到明媚迷人的景色，不禁跳入湖内嬉戏沐浴，此时远处飞来一只神雀，口中衔着一枚红果，落在小妹佛库伦的衣裙上，放下口中的红果，鸣叫着向远方飞去。佛库伦拿起红果，爱不释手，便放入口中，红果竟从口中直入腹内，因而产下一个男婴，这个孩子相貌异常，降生下来就会说话，佛库伦便给他取姓"爱新觉罗"，取名"布库里雍顺"。布库里雍顺按照母亲的指点来到长白山东北方向的三姓地方，帮助百姓平息纷乱，因而被尊崇为圣贤，他带领众人创建"鄂多哩城"，立国号满洲，形成满族的爱新觉罗部，而大清皇帝就是他的后代。在康熙帝《望祀长白山》一诗中，"千秋佳兆启"，就是《起居注》中所提到的"祖宗龙兴之地"，长白山是官方史书认定的满族发祥地，清朝所有官修史书，提到满洲肇兴之地，则必定从长白山开始。满族勃兴，入主中原，为了不数典忘祖，他们始终崇敬着这座圣山。"天女浴躬处"也成为清朝历代子孙的朝拜祭祀之地。

（二）萨满神灵——护佑满族千百年

满族人信奉萨满教，是在"万物有灵"的观念支配下所形成的一种多神崇拜。在古老神秘的仪式中，"萨满"进入空灵的世界，成为人类与神交流的载体。萨满教没有庙宇和神祠，也没有专职的掌教和祭主等神职人员。信奉萨满教的族人，自发形成一位"察玛"，主管每次祭祀天地、山神、土地和祭祖、许愿等重大活动。人们相信"察玛"是可以沟通人与神之间的使者，具有天神附体的能力。在这片严酷而又富饶的土地上，顺应自然、依靠自然，崇拜自然就是生活在这里的先民们根深蒂固的观念，对自然的神奇幻想和"万物皆神"的原始拜物教成为萨满教的渊源。

（三）文化遗产"说部"

"说部"是满族记录历史的载体，是他们留给世人的一笔珍贵的财富。85岁高龄的老人何世环，目前是吉林省政府专门出资供养的老人，她掌握着亟待抢救的满族先辈留下的古老技艺，文化遗产"说部"。满族在入主中原以前，几乎没有任何文本形式记录本民族历史的习惯，当时最常见的方式就是通过部落酋长或"萨满"来口传历史教育子孙，进入增加宗氏和民族的凝聚力，满族"说部"大多独立成篇，将其整理连缀在一起，可以体察到从南北朝到明末清初1500年，一个民族曲折雄伟的沧桑变迁，了解到属于这个民族独有的气质品格和民族风范。感悟到这个民族在历史进程中，力鼎千钧集体意志和情怀万里的博大胸襟。在看似单调的叙述中，一个古老悠远的民族向世人展开它波澜壮阔的历史。满族谚语说得好，"老的不讲古，小的失了谱"。

仅凭借一把剪刀、一张红纸和关云德手指灵巧的转化，灵动鲜活的满族女神跃然纸上。作为满族历史和文化习俗的记录者，他的剪纸选材主要体现满族古老的生活习俗和动物、植物以及自然风貌，更让人赞叹的是他能活灵活现地将300多位满族人崇拜的传说中的女神刻画出来。在中国民间文艺家协会组织实施的中国民间文化遗产抢救工程重点项目——中国民间文化杰出传承人调查、认定和命名工作中，关云德被正式确认为"中国民间文化杰出传承人"，而吉林省长春市九台市其塔木镇关云德的满族剪纸业已成为一个著名的文化品牌。

三、与象帽舞一起飞扬

长白山下白衣飘飘的中国延边朝鲜族，他们勤劳善良，语言、舞蹈、音乐、服饰重农重教、重礼、重孝，声声阿里郎、处处金达莱。

（一）朝鲜族人在延边聚集

新中国成立后，我国政府在长白山北麓建立了延边朝鲜族自治州，在山南建立了宽甸满族自治县和长白朝鲜自治县。随着改革开放的发展，延边自治州发生了很大的变化。[1]

（二）舞乐风情

朝鲜族人生活在中国东北长白山脚下，乐观热情，总喜欢用歌舞来直抒胸臆。家族中一遇喜事，就成为节日，歌舞是他们表达感情的重要方式，普通的生活和劳作都可以编排成扇子舞、顶水舞，农乐舞。有文字记载的朝鲜族歌舞可以追溯到2000年前，历经20个世纪的漂泊变迁，浓郁热烈的风情和充满激情的表达依然是这个民族历史沿革中的华彩篇章。

中国朝鲜族农乐舞是世界级非物质文化遗产，2009年10月进入《人类非物质文化遗产代表作名录》，是中国唯一进入联合国保护非物质文化遗产舞蹈类项目。"象帽舞"是农乐舞拓展项目，是朝鲜族"农乐舞"中表演难度和艺术价值最高的表演形式。象帽舞相传其由来是古代朝鲜人耕作时，经常遇到豺狼虎豹等猛兽，为了解除这种侵扰，朝鲜族人便将大象毛放在帽子上，左右摇摆来驱赶野兽，这样象帽便成为朝鲜族人的一种服饰，随之出现象帽舞。

1　长白山的民俗风情.［N/OL］.长白日报.都市新闻 http://www.cbsrb.com/Culture/mf/htm/2010-06/22/content_100274.htm

第四节　走近长白山创业者守业人

钢是在烈火与骤冷中铸造而成的。只有这样它才能成为坚硬的，什么都不惧怕。一个人的生命应当这样度过：当他回首往事的时候不会因虚度年华而悔恨，也不会因碌碌无为而羞愧！

——《长白山下我的家》

自古以来长白山人就有着昂扬向上、坚毅挺拔的性格秉性和执着不屈的奋斗精神。含翠玉秀的长白山还赋予长白山人稳健超逸的和谐精神，宽厚平和的生活态度。远古的长白山先民在抗击自然灾害、寻求生存空间的斗争中，表现出顽强的生命意识。

一、放山文化

长白山是冰雪的故乡，是人参的故乡，这里孕育出来的民风民俗都与冰雪和人参紧密相关，如山神节，人参节；长白山又是动物的天堂、植物的宝库、原始的森林，在这片辽阔的土地上滋养着狩猎、捕鱼和采参的习俗，延绵不绝，世代相传。长白山盛产人参，清初设禁令不准人们进山采挖。但私采的人仍然与日俱增，尤其是康熙年间后期，山东省、河南省的农民"闯关东"进入东北，到长白山林区禁地采挖的人络绎不绝，来到关东的中原人大多从事农垦或成为走山者、放山人。逐渐形成了放山文化，养育了一批放山人。

他们进山采参条件非常艰苦，既要与严酷的自然环境做斗争，又要想方设法逃避官府的缉拿。长白山人把采参与放山视为男人成熟的标志，他们到神秘幽深的长白山森林采参、淘金、砍伐森林、猎取兽皮，历经磨炼；他们平等互助，谦让友善，也遵循诸多禁忌，履行很多礼节；他们视金钱如粪土，视友谊如生命，劳作时相互合作相互帮助；他们最珍惜集体的力量，最反对一盘散沙和"撮单帮"的行为，当有人发生意外，他们一定集体去寻找，哪怕寻回一堆白骨也要交还给他们的亲人。正因为他们靠山、吃山、养山，所以他们更重视珍爱这片山，更懂得青山常在，永续利用的道理。放山习俗影响了长白山区人们的思想，并逐渐形成独特的人参文化。为了对这种精神进行传承与延续，长白山区的抚松、浑江、通化等市县，在每年7~8月举行人参节，并开展"模拟式神山采参活动"，重演当年"放山人"采参的场景，已经延续到第二十八届，成为长白山地区具有独特代表性与象征意义的节事活动。

二、唱响生命最强音"森林号子"

森林号子是长白山和兴安岭林区伐木工人历史的真实记录，是无数伐木工人用自己的劳动、自己的一生，甚至用自己的生命谱写的"伐木工人之歌"。2008年6月，森林号子作为传统音乐列入了《国家非物质文化遗产》名录。长白山森林采伐是长白山文化的重要组成部分。在长白山，"木把"有句口头禅"要想多挣钱，就吃杠子饭"。"木把"们砍下的木头全靠人工抬到爬犁道上，由爬犁套运下，再归楞、穿排、外运。号子是"木把"们的语言，要想步伐整齐，"木把"们就要学会唱响"森林号子"，号子响就说明木头大。

富有韵律的号子凝聚着"木把"们以集体的力量战胜艰难的信心，凝聚着他们对土地山灵的热爱和感恩，凝聚着他们为子孙后代的未来奋力拼搏争取的勇气和责任。自从有了森林和采伐，森林号子就没有停止过，它是人类历史上"自然开发史"的文化历程，是一种珍贵的原色文化。可以说，一座座大山、一片片的老林子，都是一个个"木把儿"唱着"号子"抬下来的。现今东北的森林处于"休伐停采"阶段，机械化的运作使抬木头活动越来越少，于是生动的森林号子逐渐地消失，一个个唱号子的老人逐渐苍老和故去，"森林号子"这种珍贵的口述文化就成了真正濒危的文化。

三、长白山下狩猎人

位于吉林省西北部松原市境内的查干湖，被誉为"中国北方最后的渔猎部落"，在这里每年都会举行"马拉绞盘，冰下走网"的原始冬季捕鱼活动。已经80岁高龄的石宝柱被视为查干湖的"镇湖之宝"，是查干湖冬捕"鱼把头"第十九代传人，老人15岁开始捕鱼，23岁就已成为"鱼把头"。查干湖孕育出来的渔猎文化，充满北方原始渔猎文化气息的冬捕，神秘的祭湖仪式和凿冰撒网的捕鱼场面一直延续至今，千年不变，2008年查干湖冬捕被列为"国家级非物质文化遗产"。

鹰曾经被一个骁勇善战的游牧民族驯化为捕猎的武器，并借此灭掉一个王朝，从此千百年来当地人将鹰奉为神灵，并把这种独特的狩猎文化传承下来。鹰猎文化大约起源于唐渤海时期，那时东北民族就有了贡鹰的历史，辽金时期达到高潮，从清顺治年间开始，鹰更成为长白山向中原进贡的重要贡品。在长白山一个叫打渔楼的满族村庄，被称为满族中的鹰屯，曾是金代文明的发祥地。渔楼村传承了古老的渔猎文化，培养了诸多养鹰驯鹰能手，直到今天这里300多户满族人家仍保持着捕鹰、驯鹰、养鹰的传统。

图1-8 长白山下驯鹰人

（资料来源：吉林省长白山保护开发区管理委员会官方网站）

第五节　天池怪兽，未解之谜

世界上最高的火山口湖长白山天池，像地球的眼睛一般，傲视苍穹；像苍天的镜子，巡视环宇，气势磅礴，气象万千。它只有入水，没有出水，却滔滔不绝地滋润着东北大地，她云遮雾盖，变幻无穷。最神奇的就是令人百思不得其解、百探不明的跨世纪"天池怪兽"之谜。众所周知，长白山天池水面海拔2189米，水深373米，年平均气温 -7.3℃，年积雪日达到258天，积雪最深达3米，一年结冰期长达8个月，是世界上最冷的高山湖泊。天池处于高山之巅，湖岸草木不生，自然环境极其恶劣，除了地下水和雨水外，再无入水，湖内的微生物和有机物质极少，几乎没有大型生物生存的可能。但是一百多年来不断传出有人目睹大型生物在天池出水的消息，又难有确凿的物证证明确实有天池怪物的存在，这个被人们沸沸扬扬传了三个世纪、跨越160年的谜团，到底能否得到真实可行的解答呢？

长白山怪兽之谜与尼斯湖怪兽之谜、百慕大三角神秘沉船坠机之谜、不明飞行物UFO之谜一样，成为世界几大难解的谜团之一。

一、初见怪兽

长白山天池怪兽的发现与记录可以追溯到一百多年前。早在清朝光绪年间，当时的长白山探险家，中国长白山勘界、考察和全面命名的第一人，在对长白山进行全面踏查之后，清朝光绪三十四年，撰写的《长白山江岗志略》中就清楚地记录了当时人们对"天池怪兽"的描述："自天池中有一怪物浮出水面，金黄色，头大如盆，方顶有角，长颈多须，猎人以为是龙。"

1910年，长白山南坡的长白府设治委员张凤台编著的《长白汇征录》对怪兽也做了详细记载，"有猎者四人，至天池钓鳖台，见芝盘峰，下自池中有物出水，金黄色，首大如盆，方顶有角，长颈多须，低头摇动如戏水状，众惧登坡至半，忽闻轰隆一声，回顾不见，均以为龙"。而在《长白山大事纪要》中也有同样的描述，1903 年 4 月，当地人徐永顺、徐复顺两兄弟及几位猎人到长白山猎鹿，追至天池时迎面适来一物，大如水牛，吼声震耳，状欲扑人，一位姓俞的猎人急忙取枪击发，结果枪却哑火了。眼看怪物向猎人扑来，徐福顺连忙去取腰间六轮小枪向怪物击发，打中了怪物的腹部，怪物咆哮长鸣跳入天池中，半个多时辰后，天池内重雾如前，毫无所见。

二、一睹怪兽真容

20 世纪 60~80 年代，对怪兽的发现次数和记载越来越多，亲眼目睹怪兽的既有政府官员、科研人员、专家学者、作家、艺术家、新闻记者、平民百姓，也有来自韩国、日本、美国等国的游客，据不完全统计次数至少有 30 次，人数则以千计。据《长白山志》记载，1962 年 8 月中旬，吉林省气象器材供应站的周凤瀛用六倍双筒望远镜发现"天池东北角距边二三百米远的水面上，浮出两个动物的头，前后相距二三百米，互相追逐游动，时而沉入水中，时而浮出水面。动物的头有狗头大小，黑褐色，身后留下人字形波纹。一个多小时后，此物潜入水中"。又记载：1976 年 9 月 26 日，延吉县老头沟桃园公社苗圃主任老朴和一个工人，还有解放军战士共二十多人，在天文峰上看见一个高约两米，像水牛一样大小的怪兽，伏在天池岸边休息。大家惊讶地大叫起来，怪兽被惊动，走近天池，游到接近天池中心处消失了。

1980 年 8 月 21 日，中国作家雷佳和几个人在长白山天池中发现了喇叭状的扩大划水线，他在回忆的文章中说："其尖端有时浮出盆大的黑点，形似头部，有时又浮出拖长的梭形体，形似背部"。巧合的是两天后，吉林省气象局的两位同事在距天池只有 30 米的地方也看到了天池怪兽，而且是五只。他们说，5 只动物头部和前胸昂起，头大如牛，体形似狗，嘴状如鸭，背部黑色油亮，似有棕色长毛，腹部雪白。他们边喊边开枪，均未击中，动物迅速潜入水中，不见踪影。1988 年 8 月的一天上午，正在巡逻的抚松县边防部队战士，惊奇地发现天池水面有一条很宽的划水线，似乎有动物在来回游动，整整持续一个多小时……

三、影像留存

随着国内外人士对天池怪兽的关注和科学技术的不断发展，20 世纪八九十年代以来，不断有人看到并拍摄记录下天池怪兽的影像。1981 年 9 月 21 日，《新观察》杂志社记者李晓斌，用一千毫米的长焦镜头拍到了怪兽，一只乌鸦和怪兽被同时摄入镜头。照片的上方是一只飞翔的乌鸦，下面则是一个像反扣着大锅样的怪兽。20 世纪 90 年代，长白山自然保护区管理局的摄影师拍摄到了一段录像，曾在媒体上争相报道，轰动一时。

2007 年 9 月 9 日清晨 5 时左右，长白山管委会电视台卓永生和几位摄影爱好者在天池南坡拍摄日出，5 时 26 分，天池中突然出现了惊异的一幕：画面中出现一个黑色物体在水中游荡，很快又出现 5 个同样形状的物体，从出现到 7 点多钟，6 只不明动物在天池里活动了一个半小时。目测为一米左右的个体，但没有捕捉到怪兽的具体形态。

关于天池怪兽的来历至今有 20 多种猜想，水獭说、黑熊说、飞蛾说、浮石说、大鱼说、小船说、幻觉说、潜水艇说、生物变异说、《山海经》记载的横宽兽说，等等，甚至还有人认为是天外来客。为了研究长白山天池怪兽，长白山自然保护区管理局建立了天池怪兽展览室，把历史的、现在的发现和记录，全部整理公布出来，绘制出了天池怪兽出现的流程曲线，并且按照人们的描述雕塑了两只怪兽的塑像，一只像龙，金黄色，长着龙鳞；另一只像牛，嘴呈鸭嘴状。而今，全世界众多天池怪兽之谜的探索者、科学工作者、天池怪兽谜、怪兽爱好者云集长白山天池，或安营扎寨常年监视，或不畏艰险日夜坚守，大有不达目的誓不罢休之势。如今登上长白山天池的游客，都想踏上天池，看看自己能否有幸拍摄到怪兽，解开这个百年谜团。我们相信经过世人的努力，这个世界性的百年谜团一定能得以解开！

1999 年，在长白山森林生态系统定位站建立二十周年的时候，定位站的创始人，著名植物学家王战说"长白山森林生态系统是一部天书，应该读深读透"。为了读懂读透长白山这本独一无二的天书，"长白山之鹰"摄影师朴龙国八年来，在长白山寻找、拍摄和研究中华秋沙鸭，真实地记录下全球只剩下不到 3000 只的"会上树的鸭子"，致力于推动在长白山建立中华秋沙鸭保护基地；长白山国家级保护区里年龄最大的一线保护员，58 岁的杨海山为了保护长白山完整生态和生物资源已经奋斗了 30 多年，只为延续绿色的梦想。

对长白山的敬畏之心、爱护之情如同被长白山天池滋养的三江大地一般繁衍，富饶生长。千千万万的子民投入长白山的保护事业，2006 年长白山管委会顺势成立，对长白山的保护上升为国家的意志和行为，为长白山地区的生态保护与文化保护提供了保障。

第二章 "委托"与"统一"

制度是一个社会的游戏规则，是为决定人们的相互关系而人为设定的一些制约，为其所覆盖的人们提供行为选择的约束，从而使人们的行为选择具有可预期性，避免机会主义行为导致集体行动失败的后果。自古以来，对各个领域的管理者来说，制度的沿革都是一个经久不衰的话题。长白山保护开发区在经历过散乱的制度管理而导致的条块分割、重用轻管的局面后，大刀阔斧地开展了制度的变革，独创了长白山管委会模式，开启了综合管理的新篇章。

促进长白山自然保护区的开发工作主要表现在以下五方面：一是景区发生了根本性变化。各种服务设施建设扎实推进，景区标识系统覆盖全面，景区道路交错畅通，生态恢复项目正在实施。二是功能服务区环境大为改观。池北、池西、池南三个旅游经济区分工明确，环境综合整治成效明显。三是交通整体状况不断改进。形成了以长白山旅游机场为中心的区域立体化、现代化的交通骨干网络，为实现"保护资源、科学利用、可持续发展"的目标提供了条件。四是旅游推广与市场营销取得突破。通过电视台广告"大篷车促销团""东北亚博览会"各种方式进行整体形象包装，邀请重要媒体、旅行商，联系国际知名赛事组织举办各种节庆活动，并积极开发新的旅游线路和产品，不断提升长白山景区的品牌价值。五是招商引资方面取得突破和进展。管理体制的变革为优化投融资渠道提供了良好的制度保障，2006~2009 年，共投资 118.9 亿元，建设重点项目 200 余个，吸引了一批具有较强实力的企业投资，从而为景区开发奠定了良好的基础。

第一节　长白山保护开发区管理体制沿革

任何事物的发展都是曲折性与前进性的统一。长白山保护开发区的管理体制在经历了历史时期各朝代的不断探索后，逐渐确立了适合当时时代发展的制度。但随着时代的变化、人类需求与自然保护矛盾的激化，而呈现出自然保护方面的乏力与资源开发方面的滞后等新的问题，在很大程度上是由于管理制度的缺失与旧有制度的缺陷造成的，更激发管理者不断探索新的管理模式。而长白山管委会的设立这一近年来的重要制度变革，则为长白山的保护与开发带来了新的契机。

一、长白山管理体制的沿革之路

自古以来，长白山就被视为中国的一块宝地，历史上先后为各朝各代的管理者所重视，设"封地"，划"割据地"，设省县等。新中国成立后，设立了林业局加强对长白山区域的管理；1960 年，建立了"吉林省长白山自然保护区"，同年又设立了"长白山自然保护区管理局"，2005 年，为了理顺各方面关系，实现对长白山的"统一规划、统一保护、统一开发、统一管理"，设立了长白山保护开发区管理委员会。自此，长白山管理体制经历了漫长的沿革之路。

（一）设立"封地"、"割据地"

就长白山的人类活动而言，可以追溯到原始社会，但就长白山的历史建制来说，是始于西汉时期。历史上长白山在先后成为西汉"句丽县"辖地，东汉"高句丽"国占据地，唐靺鞨粟末部人居地，唐"渤海国"所在地，辽"东丹国"始设地，辽渤海"定安国"割据地，辽渤海"兴辽国"割据地，金代曷懒路属地，金末"东夏国"割据地，元开元、辽阳二路分属地，明三卫分置地。元末清初，长白山区被视为列祖龙兴之地，也因此被作为龙脉加以封禁。在民国时期，长白山区隶属吉林省和奉天省。1909年设安图、抚松两县，隶属奉天省长白府。1939年12月，安图县划归伪满洲帝国间岛省管辖。

（二）成立长白山自然保护区

1950年公安部设立了长白山森林公安队。安图县林业局在奶头山、大阳岔等地设立了护林工作站。1953~1954年，林业部森调大队对长白山森林资源进行了调查和区划，编制了长白山森林经理施业案，绘制了林相图，并将森林公安队改为森林警察队。1955~1957年，建立了头道森林经营所、二道林场、白山林场、黄松浦林场。1958年，吉林省气象局在天文峰东侧建立高山气象站，吉林省体育运动委员会在聚龙温泉下面3公里处建立高山冰雪训练场。1960年，吉林省林业勘查设计院二队再次对长白山进行了调查和区划，各有关部门和科学工作者相继开展了资源调查和科研工作，为建立长白山自然保护区，为保护开发长白山区的丰富资源提供了科学依据。

1960年4月，吉林省人民委员会根据全国人大一届三次会议提案和林业部第54号指示精神，建立了"吉林省长白山自然保护区"，区域范围包括原长白山施业中的白山、白西、保安、锦江、老岭五个施业区和黄松浦、头道白河、二道白河、漫江、横山五个施业区的一部分，总面积236750平方公里，其中绝对保护区139875平方公里，一般保护区96875平方公里。同年11月，成立了吉林省长白山自然保护区管理局，由省林业厅直接领导。1962年12月，吉林省人民委员会批转林业厅对保护区部分区划进行调整报告，对区划进行了调整。1968年12月，长白山自然保护区管理局被撤销，各管理站被分别下放给安图、长白、抚松县。1972年12月，吉林省革委会收回了长白山自然保护区管理局，由吉林省林业局直接领导。

为了加强对长白山自然保护区的保护管理，充分发挥其保持水土、涵养水源、改善环境、维护生态平衡的重要作用，1982 年 8 月，吉林省政府决定取消绝对保护区和一般保护区之别，统称"吉林省长白山自然保护区"，并重新调整了保护区范围，确定保护区面积为 190582 平方公里（经 1993 年调查核实，准确面积为 196465 平方公里）。1986 年 7 月，国家林业部经过考证、审定，报请国务院批准，长白山自然保护区被列为国家级森林和野生动物类型自然保护区。1988年 11 月 9 日，吉林省人大七届六次常委会通过了《吉林长白山国家级自然保护区管理条例》，使保护区的规范化管理有了法律上的依据。

（三）成立长白山保护开发区管理委员会

2005 年，吉林省委为加大对长白山自然保护区的保护力度，加快培育吉林省旅游优势产业，理顺各方面关系，实现对长白山的"统一规划、统一保护、统一开发、统一管理"，经 2005 年第 七 次省委会议讨论同意，成立长白山管委会。长白山管委会级别为副厅级（吉林省人民政府文件吉政发〔2006〕30 号文件《吉林省人民政府关于进一步明确长白山保护开发区管理委员会管理体制和职能权限的意见》一文中又将其升格为正厅级），省林业厅将长白山保护局整建制委托长白山管委会管理。

二、长白山管理体制沿革的动因

凡是属于最多数人的公共事务常常是最少受人照顾的事物，人们关怀着自己的所有，而忽视公共的事物；对于公共的一切，他至多只留心到其中对他个人多少有些相关的事物。

——亚里士多德

亚氏一针见血地指出了公共物品供给或公共事务处理中的难题。长白山自然保护区、景区治理正属于跨区域公共资源治理问题，在跨区域多主体的集体选择和行动过程中，参与共同治理的各地方主体之间既有合作，也有竞争，外部性和机会主义行为是共同治理需要解决的主要问题。而长白山自然保护区的管理体制一直存在的多头领导、分散管理导致的各自为政，缺乏统一规划的混乱局面，使长白山管理体制的改革迫在眉睫。

（一）一座名山，三个"婆婆"

长白山自然保护区于1960年4月建立，由省林业厅直接领导。随后，基于保护区的区划调整，长白山自然保护区管理局被撤销，各管理站分别被下放给安图县、长白县和抚松县。1972年12月，吉林省革委会又收回了长白山自然保护区管理局，由吉林省林业厅直接领导。但是，管理局的收回并没有保证长白山的统一管理。长白山区域一直处于"两地三县五局"（延边地区、白山两地区；安图县、长白县、抚松县三县；和龙、白河、露水河、泉阳、松江河五个林业局）的管理格局之中。长白山管理局隶属省林业厅，权力不小。其他各家也有领地，安图县占北坡、抚松县拥西坡、长白县据南坡，至此，对长白山的管理权就集中于延边朝鲜族自治州、白山市、林业部门这三个"婆婆"，都对其进行管理，形成了各管一摊、各自为政的管理模式。这种管理主体的多元与分散必然导致管理责任的分割与不统一，也成为各行政主体在资源利用与利益获取上恶性竞争，同时在责任承担与义务履行上相互推诿的根源，同时也导致了长期以来长白山保护区自然环境保护与资源开发乏力的后果，严重制约和阻碍了长白山的整体发展。

（二）"三坡"各自为政，缺乏统一规划

虽然吉林省人民代表大会于1988年11月9日通过了《吉林长白山国家级自然保护区管理条例》，保护区的规范化管理有了法律上的依据，但是，由于"三坡"各自为政，缺少统一规划，而且长白山管理局存在着政企不分、政事不分和事企不分的现象，另外，各个行政区由于互不隶属，各自为政，难以形成合力，在保护区划分、城市建设、景区开发等方面出现"点状"零散分布的现象。盲目的自然资源开发引起了严重的生态环境问题，许多珍稀森林资源遭到不同程度的破坏。例如，从20世纪90年代以来，每年都有数万人非法进入保护区采摘松果，直接导致许多以此为食的动物无法生存，破坏了生物的多样性。盲目的旅游业发展也导致了严重的生态环境问题。由于缺乏统一规划、严格的监督，长白山景区内的乱搭乱建现象比较严重，随地排污，造成了严重的污染和资源毁坏问题。另外，分散开发导致许多较具潜力的旅游资源由于耗资巨大而由单个地方政府主体无力开发，难以实现"大旅游，大市场"的发展模式。以交通为例，2005年之前从长春到长白山的公路只有两条二级公路，路况较差，大巴车需走近10个小时，导致游客将大部分时间耗费在路途上，重"旅"而轻"游"。各种基础设施的不配套很大程度上制约了长白山旅游产业的发展，导致了资源的巨大浪费。

三、管委会成立，名山归一统

随着长期以来分散管理体制弊端的日益凸显，该问题逐渐引起了吉林省委、省政府高层决策者的关注，长白山保护区的体制变革问题也逐渐纳入了省内最高领导者们的决策议程。从20世纪90年代开始，吉林省委、省政府多次组织有关部门进行调查研究，探索解决长白山体制难题的可行途径，历任省级领导几次做出重要指示并亲自到长白山和周边市、县进行实地调查。特别是党的十六大以后，随着振兴东北老工业基地等重大方针政策的提出，吉林省委、省政府决定进一步推动全省旅游业和长白山区域经济快速健康发展，创建长白山旅游世界知名品牌，打造吉林省"第一张名片"。2004年底，吉林省政府成立理顺长白山管理体制调研小组。2005年4月，调研小组在经过长时期调研准备后向省政府提交了正式报告。2005年1月5日，吉林省省长听取全省旅游工作汇报时谈到了多部门管理景区的弊端，明确指出长白山自然保护区是吉林省旅游业龙头，必须理顺管理体制。2005年6月29日，吉林省委、省政府决定成立"长白山保护开发管理委员会"，与吉林长白山国家级自然保护区管理局合署办公。长白山管委会为省政府直属机构，级别暂定为副厅级，由省政府授权对相关区域按开发区模式进行管理。省林业厅将长白山保护局整体建制委托长白山管委会管理。2006年1月，长白山管委会正式挂牌成立，标志着长白山保护区正式实现了管理体制的改革，开始步入综合管理阶段。

2006年7月，出于实际工作的需要，省委省政府又进一步调整"长白山保护开发管理委员会"为"长白山保护开发区管理委员会"，作为省政府的派出机构，正厅级建制（长白山国家级自然保护区管理局由此也升格为正厅级建制单位），具有相当于市（州）政府的行政管理职权，省里将长白山管委会按市（州）对待和管理，即"9+1"管理模式。长白山管委会下设的池西、池北、池南三个经济管理区，具有相当于县级政府的行政管理职能和权限。这种调整力度，在国内同类保护区、景区的管理体制中是绝无仅有的，成为吉林省的首创。

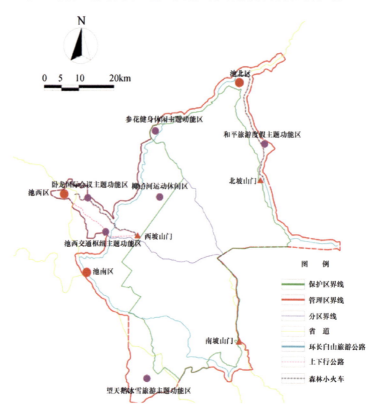

图2-1　长白山保护开发区管理委员会管理范围示意图

资料来源：长白山保护与开发总体规划2006—2020。

第二节　管委会模式：从条块分割走向综合管理

长白山管委会的设立结束了之前各地方政府、各政府部门、各行业机构条块分割的混乱局面，使保护开发区走向了统一规划、综合管理的阶段（图 2-2）。

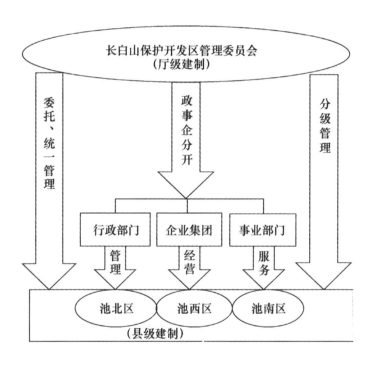

图 2-2　长白山管委会体制模式结构

一、行政地位：准地方政府

2005 年 6 月，吉林省政府发布的《关于成立吉林省长白山保护开发管理委员会的通知》中明确规定："在保证延边州、白山市相应利益和行政区划不变的前提下，延边州安图县的二道白河旅游区、长白山和平旅游度假区、白山市抚松县的松江河旅游区、长白县的长白山南坡旅游区整建制统一由长白山管委会管理"，"由省政府授权长白山管委会统一制定长白山保护与开发总体规划，并按总体规划要求，对长白山的保护、开发与建设实施统一协调与指导"。在 2006 年发布的《关于进一步明确长白山保护开发区管理委员会管理体制和职能权限的意见》中又规定："（长白山管委会）作为省政府的派出机构，正厅级建制，代表省政府依法对管理区域内的经济和社会行政事务以及森林、草原、水流、山岭、土地、矿藏等自然资源实行统一领导和管理"，"具有相当于市（州）政府的行政管理职权，享有省政府授权、委托的部分经济社会和行政事务管理职能和权限。省里将长白山管委会按市（州）对待和管理"，"省政府授权或委托长白山管委会，负责管理区域内的经济发展、社会稳定及社会事务。长白山管委会要依法编制实施管理区域内的各项管理办法，加强公共设施建设，管理公共事务，调节社会矛盾，维护社会稳定"。

以上具有法律效力的规定共同表明，长白山管委会已经具有了"准地方政府"的行政地位。首先，管委会在机构设立与职能权限上已经基本具备了同一级地方政府的地位与权限。它不仅负责景区的保护与旅游开发工作，还具有综合性的经济社会管理权以及执法权。其次，之所以说长白山管委会是"准"地方政府，表明它尚不具备真正意义上的同一级地方政府的资质。这主要是由于长白山管委会的设立不涉及行政区划的真实调整，只是对原延边、白山所属的部分区域实行委托管理，原行政隶属关系不变。此外，从管委会内部的机构设立来看，它基本包括了同一级政府实体所具备的各种党政机关、省直机关和事业单位等，但是没有相应的同一级人大，从而体现出与真正地方政府的差别。

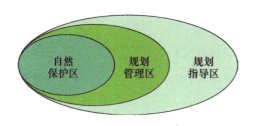

图2-3　长白山保护开发区规划关系

（资料来源：长白山保护与开发总体规划 2006~2020）

二、管理模式：委托管理与统一管理相结合

当前长白山保护开发区从管理形式上看分为三个区域、三种类型：①自然保护区，基本上为原长白山国家级自然保护区的管辖区域，本区域强调自然资源的保护，严格限制各种开发活动；②规划管理区，包括自然保护区、环长白山旅游公路以内及外侧 1 公里、规划三坡旅游环路以及内外侧 1 公里、规划指导区内旅游公路两侧各 1 公里、三坡旅游服务基地、主题功能区等其他区域，规划管理区实施直接管理，又分为池北、池南和池西三个经济区；③规划指导区，是为实现长白山的生态环境保护需要进行规划指导的区域，包括自然保护区、和龙林业局、白河林业局、露水河林业局、泉阳林业局、松江河林业局、临江林业局、长白县林业局、长白森林经营局，总面积约 13478.78 平方公里，实施协调管理。

根据省政府关于成立长白山管委会的相关文件，管理形式分为委托管理和统一管理两种。首先，省林业厅将长白山保护局整建制委托长白山管委会管理，并依法加强对长白山保护区相关工作的指导。在保证延边州、白山市相应利益和行政区划不变的前提下，延边州安图县的二道白河旅游区、长白山和平旅游度假区、白山市抚松县的松江河旅游区、长白县的长白山南坡旅游区整建制统一由长白山管委会管理。其次，对省森工集团所属的松江河林业局、露水河林业局、泉阳林业局，对延边州所属的白河林业局、和龙林业局，对白山市所属的长白县森林经营局、长白县林业局实施规划指导管理。以上区域隶属关系不变，由省政府授权长白山管委会统一制定长白山保护与开发总体规划，并按总体规划要求，对长白山的保护、开发与建设实施统一协调与指导。

对长白山保护开发区的核心区域由管委会实施统一管理，可以保证管委会管理权限与工作开展的集中统一，有利于自然保护工作的顺利进行，防止"政出多门、政令不一"的现象。而针对保护区外围区域实施委托管理、原行政隶属关系不变的形式，既利于保护开发区旅游产业发展工作的合力形成，也能够在最大程度上兼顾原地方政府的既得利益不受损失，从而减轻改革的阻力。

三、管理权限：经济、社会、行政领域的全面管理

省政府在成立长白山管委会的文件中明确规定，授权管委会对相关区域按开发区模式进行管理，行使以下主要职权："依据国家法律、法规和有关规定，制定管辖区域内的各项管理实施办法；编制管辖区域内的总体规划和经济、社会发展计划，经批准后组织实施；按国家和省规定的权限，报批或审批在管辖区域内的投资项目；负责管辖区域内的土地规划、征用、开发工作的管理；负责管辖区域内的财政、国有资产、税收、劳动人事和工商行政管理；规划、建设和管理管辖区域内的各项基础设施和公共设施；负责长白山自然保护区的保护工作和管辖区域内的环境保护工作；按国家规定处理涉外事务，管理管辖区域内的进出口业务；协调有关部门和地区在管辖区域内的分支机构的工作；对管辖区域内的企业、事业单位依法进行监督；负责管辖区域内的治安、消防、交通等管理（户籍管理、边境管理职能仍保持原管理体制不变）；接受省有关部门的业务指导；上级政府授予的其他职权"。

从上述规定中可以看出，长白山管委会的机构地位已经远远超出了纯粹的综合性自然保护机构或旅游产业开发管理机构，从而具有了经济、社会、行政领域的全面管理权限。自 2006 年管委会正式挂牌成立开始，随着各种党政机关的相继设立，长白山管委会的职能权限获得了不断的扩展。例如 2010 年 11 月，中共长白山保护开发区纪律检查工作委员会揭牌，标志着长白山保护开发区纪检、监察工作全面启动；2011 年 9 月，省人民检察院驻长白山保护开发区检察室挂牌成立，管委会又获得了统一的司法管辖权。这种调整力度，如此全面的管理权限，在国内同类型保护区、景区的管理机构的设立中是较为少见的。

四、管理主体格局：政、事、企分开

管委会成立之前，长白山的保护与开发中除了条块分割、多头管理的情况外，还存在政、事、企不分的现象。例如，政府部门既负责保护又负责开发，其结果往往是在追求以 GDP 为代表的经济发展、地方政绩下过于注重开发而忽视了自然保护工作。这也是长期以来长白山保护区生态环境恶化的主要原因之一。而 2005 年省委、省政府在酝酿管理体制变革时，就着重考虑了管理主体分开问题。在省政府关于成立长白山管委会的官方文件中，除了规定长白山管委会与长白山保护局实行两块牌子、一套机构，交叉任职、合署办公外，特别指出要另设长白山开发建设集团。2011 年 1 月，长白山旅游股份有限公司成立，它是长白山保护开发区的第一家国有控股公司。两家公司与行政机构相互独立，意味着长白山自然保护区的管理权与经营权相互分离。它们体现了政府部门从旅游行业中的退出，充分发挥市场机制来盘活长白山的旅游资产，有力地推动了地区旅游业的快速发展。

除了将旅游产业开发工作交由市场主体来办之外，长白山管委会还设立了大批事业单位，包括保护中心、行政中心、传播中心、机关中心、执法支队、科学院、生态站、社保局、防火办、信息中心等。这些事业单位实现了与政府行政机构的职能、编制与经费的分离，既减轻了政府的财政负担，又为长白山保护开发区的自然保护与经济发展提供了有效的信息、科研等社会服务，实现了社会效益的提升。此外，事业单位与企业分开有利于事业单位更好地扮演公共服务提供者的角色，能够实现社会的公平，与行政部门分开有利于事业单位减轻压力，提高运作效率。

第三节　管委会体制运转带来的绩效

制度的变迁往往会带来组织绩效的改变。从现实来看，长白山管委会成立以来，在省委、省政府的领导下，深入贯彻落实"五大发展"战略，着眼于发挥对于全省的"生态根基屏障"、"生态文化品牌"、"开放交流平台"、"旅游产业龙头"、"边疆和谐稳固"五大作用，紧紧围绕"建设世界名山，打造文化名城，繁荣带动周边，服务全省发展"总体目标，着力打好"生态"和"文化"两张名片，培育壮大旅游、文化、特色生态资源、矿泉水"四大产业"，努力走出一条"旅游城镇化、城镇景区化、景区国际化"的发展道路，长白山保护开发事业实现科学发展、取得长足进步。

一、形成了布局科学、系统完备的规划体系

长白山管委会按照"以特色化体现国际化，以国际化完成特色化"的发展思路，坚持高点站位、文化引领、科学决策，聘请国际国内顶级规划团队，先后完成了《长白山保护与开发总体规划（2006~2020）》及分区规划、《长白山旅游发展总体规划（2011~2020）》、"池北区二道白河镇城市风貌"、"慢行步道系统"、"宝马城"、"十八坊产业园"、"吉林长白山碱水河国家湿地公园"等多项规划设计。2013年，长白山保护开发区管理委员会就完成了从总体到局部60多项重大规划，明确了"一心两核，两轴双园，五岸九区"的城市功能格局，形成了规模层级有序、功能优势互补、空间布局合理的规划体系，得到了省委、省政府和社会各界的高度认可，为实现长白山地区的统一开发打下了坚实的基础。

二、助力旅游发展，实现居民增收

由于长白山独特的地质地貌、森林生物景观等，各种生态旅游资源实现了最佳组合，构成了吉林省、东北地区、我国乃至整个东北亚区域独特典型的旅游资源。但是直到20世纪80年代初长白山才开始发展旅游事业。甚至到了21世纪初，长白山旅游产业的发展还较为缓慢，与其应有的景区地位很不相称。长白山旅游事业之所以发展缓慢，除了基础设施落后、旅游景观开发不足等原因外，最大的制约还在于分散管理的体制造成开发混乱、短期行为严重，难以形成合力。2006年长白山管委会成立后，体制的理顺为长白山景区旅游产业的开发带来了新的契机，旅游经济得以迅速发展起来（表2-1）。

表2-1　长白山地区2004~2014年旅游业发展数据

指标 年份	接待游客数量（万）	同比增长（%）	旅游收入（万元）	同比增长（%）
2004	—	—	16629	—
2005	57	—	20112	20.95
2006	70	22.81	42000	108.80
2007	92	31.43	68000	61.90
2008	160	73.91	126000	85.30
2009	204	27.5	162000	28.70
2010	244	19.61	203000	25.31
2011	270	32.35	256000	25
2012	287	17	280000	25
2013	245	-15	220000	-21
2014	277	13	255000	16

（资料来源：根据长白山管委会网站相关数据整理）

具体来看，长白山管委会成立后，立即组织专家学者统一编制《长白山保护与开发总体规划》、《长白山旅游总体规划》等，使地区的未来发展有了统一的纲领性指导。同时，省委、省政府各部门从政策、资金、人才等各方面都给予了长白山大力支持和关注，为长白山旅游业迅猛发展提供了坚强的后盾。为提升长白山旅游服务水平和能力，管委会加强了景区内外基础设施建设，5 年来共投资211.7 亿元，实施了 203 个重点项目建设，包括环区公路、森林旅游机场等大型基础设施，这在分散管理阶段是难以做到的。管委会着眼于"大旅游"的发展方向，积极塑造与营销长白山的整体形象，成功入选首批国家 AAAAA 级景区，并以"生物生长栖息保护地、人类休闲养生目的地、人与自然和谐示范地"为核心品牌价值，使长白山旅游目的地的形象成功走向了国际，国外游客数量不断攀升。总之，长白山管委会成立后，长白山景区的旅游产业已经成为地区乃至全省经济发展的重要拉动因素。

2006 年长白山管委会成立后，体制的理顺为长白山景区旅游产业的开发带来了新的契机，旅游经济得以迅速发展，长白山地区城乡居民的收入也不断增加，使原本经济落后的许多国家级贫困县、贫困村逐渐脱贫致富。另外，棚户区拆迁和改造以及廉租房建设极大地改善了居住环境，创业促成就业项目的实施使得旅游业带动效应得到了充分发挥，低保标准和公共卫生服务水平的提高标志着社会保障体系逐步完善，污水处理厂的建设改善了社区生活环境，社区文化设施的建设以及文化艺术系列活动的举办丰富了群众的精神文化生活。

三、促进长白山地区的保护与开发

吉林省早在 1960 年就成立了长白山自然保护区，1988 年通过了《吉林长白山国家级自然保护区管理条例》，严格限制区域内的人为开发活动，因此这也是长白山景区旅游发展缓慢的原因之一。2005 年长白山管委会的成立，其初衷虽然在很大程度上是为了整合长白山地区的旅游资源，实现旅游产业的跨越发展。但是，理顺体制、实现统一管理一方面也是为了自然保护工作的顺利展开，另一方面也实现长白山的和谐与可持续发展。

分散管理阶段，长白山保护区的联保工作被"条块"分割，原联保体制是一个松散的、没有法律约束和行政约束力的松散组织，保护工作往往被各地方政府、各部门的开发任务所挤压。此外，管委会成立之前环保工作资金往往要依赖于上级部门和区域内各地方政府的拨款，而长白山地区经济发展的落后导致环保资金十分紧缺，从而形成了恶性循环，使长白山自然资源屡遭破坏。2006年管委会成立之后，始终坚持"保护第一"原则，牢固树立"开发服从于保护，以合理开发促进有效保护"理念，保护好长白山的自然原生态和生物多样性，努力发挥长白山对全省大气调节、水土保持等方面的生态涵养功能。放弃了每年上千万元的红松果林承包采集收益，对保护区实行全封闭式管理；重点针对风灾区、边境线、景区等关键部位，坚持"定点定人值守、全线全时防控"等经验做法，组织公安、森警、边防等多部门开展联合搜山清区行动，实施了"松花江大峡谷综合整治"、"城区污水处理、垃圾处理、集中供热"、"风灾区防火通道"等50余个重点项目；设立国家环境监测总站长白山监测试点站，创建"天地一体化"的生态环境监测模式；在加快产业发展和特色城镇化进程中，充分考虑环境因素，科学规划论证，呵护青山绿水。较2006年，非法进入长白山保护区盗采盗猎人员数量减少近80%，破坏森林资源案件减少70%，野生动物种群数量增长30%以上。

第三章 "巡山+智能化"的保护

长白山保护以保护森林生态系统的完整性和生物多样性为目标。始终坚持整体保护、全面保护与重点保护相结合、保护与恢复相结合、就地保护、保护与区域经济发展协调的五大原则。理顺体制，实现对长白山的统一保护；与国际组织合作，引入先进保护技术与理念，与世界性自然保护接轨；加强基层保护站建设，知识和高科技"武装"一线巡护工。

在实践方面，森林防火和生态保护是长白山保护工作的两大板块，围绕这两大板块，加强森林防火、资源管护、水源保护、植被恢复、病虫害防治、生物多样性保护等重点领域的生态资源保护。同时与武警森林部队密切配合，实行预防为主、打防结合的方针，防范非法入区现象，严厉打击非法入区乱捕滥猎、乱砍盗伐、乱采滥挖等违法犯罪分子，保护边境和区内动物、植物及自然景观资源的安全。在保护体制方面，根据吉林省人民政府吉政发〔2005〕19号文件，吉林省长白山保护开发区管理委员会与吉林长白山国家级自然保护区管理局两块牌子、一套机构、交叉任职，合署办公。长白山国家级自然保护区内部实行保护区管理局、保护管理站二级管理体系，外部实行与当地政府部门、各企事业单位和社区群众联防联护体系。

长白山保护区始建于1960年，是我国建立较早、地位十分重要的自然保护区之一，根据中华人民共和国国家标准《自然保护区类型与级别划分原则》（GB/T14529—93），吉林长白山国家级自然保护区属于"自然生态系统类别"中"森林生态系统类型"的自然保护区。1980年1月，经国务院申请，长白山自然保护区被联合国教科文组织纳入"人与生物圈计划"，成为世界生物圈自然保护区网成员，被列为世界自然保留地之一。1986 年 7 月，被国务院批准为"国家级森林和野生动物类型自然保护区"。 1992 年 8 月，被世界自然保护联盟评审确认为具有国际意义的 A 级自然保护区。2003 年，被国际人与生物圈、人与地理圈、山地研究发起组织等十个国际组织评为全球 28 个环境监测点之一。

第一节　自然保护区保护的演变历程

吉林长白山国家级自然保护区位于吉林省东南部，保护区东南部与朝鲜民主主义人民共和国相毗邻。地理坐标为东经 127° 42′ 55″ 至 128° 16′ 48″，北纬 4l° 41′ 49″ 至 42° 25′ 18″。全区南北最大长度为 80 公里，东西最宽达 42 公里，总面积为 196465 公顷，森林总蓄积为 4373.5 万立方米。长白山是一座巨型复合式盾状休眠火山，由于其独特的地理位置和地质构造，形成了神奇壮观的火山地貌，具有典型的植被垂直分布带谱、丰富完整的生物资源、深远厚重的历史文化、美丽奇特的自然风光。长白山以其雄奇壮美、原始荒古跻身于"中华十大名山"、"中国十大最美森林"之列，是国家首批"AAAAA"级旅游区。

长白山自然保护区森林生态系统十分完整，在同纬度带上，其动植物资源十分丰富，是欧亚大陆北半部最具有代表性的典型自然综合体，是世界少有的"物种基因库"，是森林生态系统研究和教学的天然实验室，是进行环境保护和绿色宣传教育的自然博物馆。据统计，长白山自然保护区有野生植物 2806 种，野生动物 1578 种。1979 年，联合国教科文组织（UNESCO）生态司顾问普尔教授到长白山考察后说："像长白山这样保存完好的森林生态系统，在世界上也是少有的。她不仅是中国人民的宝贵财富，也是世界人民的宝贵财富。"长白山也是松花江、图们江、鸭绿江三江发源地。长白山自然保护区的森林生态系统在涵养水源、保持水土、净化水质和大气、改善区域气候等方面发挥着极其重要的作用，是松花江、图们江、鸭绿江中下游广大地区生态安全的重要绿色屏障，对于庇护这些地区的生产生活环境，保障和促进这些地区的经济快速发展具有十分重要的意义。

一、长白山国家级自然保护区功能分区

根据功能分区制度，对不同区域、不同类型的资源采取不同的保护与管理措施，即分区管理策略。长白山自然保护区总面积约 196465 公顷，按其功能分为核心区、缓冲区和实验区三部分。

核心区是保护区的核心和重点保护区域，除保护管理部门依法进行巡护、定位观测研究和定期资源调查外，禁止其他人为活动，使其自然发展，作为人类活动对环境影响的原始对照地。长白山国家级自然保护区核心区总面积为 128312 公顷，占保护区总面积的 65.3%，主要分布在该保护区的中心及人为活动较少的南部。核心区在各个保护站均占有一定比重，但以池西、横山、维东保护站为多，约在 24000 公顷以上，而白河、头道、头西保护站核心区面积较少，均不足 10000 公顷。核心保护区拥有大面积的天然阔叶林、红松阔叶林、针叶林、云冷杉林、长白落叶松林和罕见的长白松林、岳桦林、苔原灌木林和苔原草地，林下栖息着各类珍稀濒危动植物。区内不再人工造林，让其自然演替恢复。

缓冲区是核心区的缓冲地带，禁止在缓冲区内开展旅游和生产经营活动。缓冲区总面积为 20043 公顷，占保护区总面积的 10.2%，分布在人为活动不多的核心区与实验区之间，如白山、维东等保护站。在开展点线旅游或远离居民点和自然天堑的地方则省略了此道防线。在西部环区公路一侧、南部原松江河——长白县的公路两侧地势险峻、中途又无停车站的地段缓冲区，便直接作为核心区的屏障连接车道。缓冲区内多分布阔叶林、红松阔叶林、针叶林以及少许疏林地、苔原灌木林和苔原草地。缓冲区要控制人为活动，以发挥对核心区的保护屏障作用。

实验区面积为 48110 公顷，占保护区总面积的 24.5%，主要分布在距村屯较近、人为活动较多的地方。同时，根据科研需要在保护区边沿亦划出一定面积作为科研用地,主要分布在头西、白河、白山等保护站,面积分别为 10257 公顷、9725 公顷、8363 公顷,峰岭、横山分布较少,面积分别是 3230 公顷和 3070 公顷。根据科研需要,实验区中各种地类均有分布,有不同面积的天然阔叶林、红松阔叶林、针叶林、长白松林、长白落叶松林、岳桦林、苔原灌木林及其草地和因风倒而形成的各类迹地。实验区的划分为核心区外围设了一道屏障,也为科研、教学、旅游等提供了合理的用地。

二、长白山保护的"前世今生"

清政府曾于康熙十六年(1677 年)、乾隆四十一年(1776 年)两次对长白山下令禁封以保护满族之发祥地,这使得长白山的自然生态免遭破坏,给后人留下这么一块原始自然生态的胜地。新中国成立以后,政府十分重视保护长白山地区的生态系统,早在 1960 年就建立了以保护温带生态系统为主的长白山自然保护区。

(一)历史的馈赠

历史上对长白山的封存,使得长白山生态环境保存完好;长白山曾经有过农耕历史,但是对长白山的生态环境影响并不是很大。清朝时期,长白山作为清廷的发祥地,被作为龙脉加以封禁,保存了大量的原始森林。近代,东北地区被日本人占领,日本人曾一度大力采伐长白山木材,使得长白山周边原始森林受到一定的破坏。新中国成立后,为保护长白山,1960 年 4 月 18 日吉林省人民政府批准成立长白山自然保护区,并于 1980 年 1 月 10 日经国务院批准,被联合国教科文组织人与生物圈计划国际协调理事会吸收加入国际生物圈保护网,列为世界自然保护基地之一。对长白山保护工作的不断完善与加强,使得长白山生态环境保存完好,为开展生态旅游奠定了基础。

（二）如今的用心

为保护长白山生态环境，规范长白山资源的合理永续利用，解决多年来的"条块"分割问题，2005年6月，吉林省委、省政府决定成立长白山管委会，从而实现对长白山的"统一保护、统一规划、统一开发、统一管理"。根据吉林省人民政府吉政发〔2005〕19号文件，吉林省长白山保护开发区管理委员会与吉林长白山国家级自然保护区管理局两块牌子、一套机构，交叉任职、合署办公。长白山国家级自然保护区内部实行保护区管理局、保护管理站二级管理体系，在保护区内部，保护站的工作对保护区管理局负责，保护站是开展保护工作的中心组织，巡护人员是保护工作的骨干力量。对巡护人员实行目标责任管理，做到责、权、利的统一。在保护区外部，通过签订联防联护协议和各种保护目标责任书，建立以保护区管理人员为骨干，当地政府部门、各企事业单位和社区广大群众共同参加的联防联护体系。

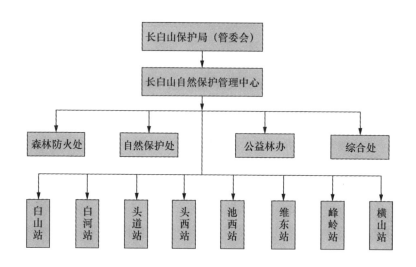

图 3-1　长白山保护管理机构

第二节　专项保护行动

长白山国家级自然保护区是以保护典型的火山地貌景观和复杂的森林生态系统为主要对象，以保存野生动植物种质资源，保护、拯救和扩大繁殖珍稀濒危生物物种，保持生态系统的自然演替过程，保障长白山乃至松花江、图们江、鸭绿江三大水系中下游广大地区的生态安全，保护全人类珍贵的自然遗产为根本目的，是集资源保护、科研教学、绿色教育和生态旅游四大功能于一体的综合性自然保护区。

一、保护对象

长白山以保护森林生态系统的完整性和生物多样性为主要目的，兼具文化保护。主要为以下七大类型：

（一）珍稀的动植物资源及其生存环境

如紫貂、东北虎、金钱豹、梅花鹿、人参、东北红豆杉、长白松、红松、林蛙等国家重点保护物种及其生存环境。

（二）典型的火山地貌景观

长白山是典型的休眠火山，其最近一次喷发形成的火山地貌十分典型，集中反映了世界上最突出的四种地貌类型，即火山熔岩地貌、流水地貌、喀斯特（岩溶）地貌和冰川冰缘地貌。其中火山熔岩地貌主要有火山中山、熔岩丘陵、熔岩台地和熔岩谷地；流水地貌主要有侵蚀剥蚀中山、侵蚀剥蚀低山、侵蚀剥蚀丘陵、侵蚀剥蚀台地、冲击洪积台地、河流高阶地和河谷平原；喀斯特地貌以喀斯特洞穴为主；冰川冰缘地貌见于长白山火山顶部，主要为第四纪古冰川地貌和现代冰缘形态。这些地貌的形成，揭示了地质演化的进程，是地球演化史中重要阶段的突出见证，具有重要的科学价值和审美价值。

（三）珍贵的红松阔叶林带

保护区内红松阔叶林带是长白山寒温带典型的地带性植被，主要生长于气候较温和、降雨量较大、暗棕色森林土、海拔为720~1100米地带，是长白山区动植物种类最多、植物生长最繁茂的典型林带，珍贵濒危药用植物野山参就生长在其中。该植被带中的红松、水曲柳、黄菠萝、紫椴等均为珍贵树种，是国家Ⅱ级保护植物。

（四）独特的植被自然垂直分布景观

长白山随海拔的升高依次分布着阔叶林、针阔混交林、针叶林、岳桦林和高山苔原5个植被垂直分布带，具有巨大的科学价值和突出的美学价值，其中高山苔原带植被是重点保护对象。长白山高山苔原带植被面积为8684公顷。由于高山苔原带气候恶劣、土层薄、土壤瘠薄、生态环境十分脆弱，如不能很好地保护苔原带植被，一旦遭到破坏，则难以恢复，将留下永久的遗憾。高山苔原带重点保护植物有偃松、高山罂粟、牛皮杜鹃、高山笃斯越桔等。

（五）丰富的生物物种资源

长白山生存着种类繁多的野生生物，种质基因资源十分丰富。保护区内野生动物种类繁多，目前已知有1578种，分属于52目258科。脊椎动物32目86科333种，其中哺乳类6目18科48种，鸟类18目50科240种，鱼类5目10科24种，两栖类2目5科9种，爬行类1目3科12种。此外，森林昆虫13目77科1225种。在野生动物资源中，属国家重点保护的动物有58种。其中，国家Ⅰ级保护动物有金钱豹、梅花鹿、紫貂、白肩雕和中华秋沙鸭等10种；国家Ⅱ级保护动物有棕熊、黑熊、猞猁、马鹿、鹗、苍鹰、雀鹰、花尾榛鸡等48种。

区内植物种类同样十分丰富，目前已知有野生植物 2806 种，分属于 73 目 256 科。其中，真菌类 15 目 52 科 757 种，地衣类 2 目 22 科 200 种，苔藓类 14 目 62 科 375 种，蕨类 7 目 23 科 89 种，裸子植物 2 目 3 科 13 种，被子植物 33 目 94 科 1372 种。在区内的野生植物资源中，属国家重点保护的有 23 种（详见附表 8）。其中，国家Ⅰ级保护植物有人参、东北红豆杉和长白松 3 种；国家Ⅱ级保护植物有岩高兰、山楂海棠等 20 种。保护好这些野生动植物的优良遗传基因，对于人类社会的生存与发展具有不可估量的重大意义。

（六）重要的"三江"源区

长白山是松花江、图们江、鸭绿江的发源地，其中图们江、鸭绿江均为中朝两国的界河。因此，保护好这一重要的水源地，不仅对吉林省"三江"中下游地区社会经济的发展有着重要的支撑作用，而且对整个中国乃至世界都有非常重大的生态意义。

（七）文化保护

管委会成立后，开始注重打造长白山的文化，致力于将长白山打造成世界名山、文化名城。长白山是满族文化的发祥地，是朝鲜族的聚集地。清朝时期，统治者下令对长白山实施禁封。300 年的禁封，一方面使长白山自然资源得以很好地保存，但由于没有人的足迹，也就导致了长白山人文历史的断代与缺失。现在吉林省尽一切努力发掘长白山的人文历史。关于天池怪兽，长白山科学研究院黄祥童院长提到，他自己也是天池怪兽的见证者，但不能以此来打造长白山的文化，毕竟它目前只是个传说，并没有明确的证据支撑这一传说。黄院长认为，长白山应该打造资源文化，例如发掘人参文化，通过展示祖先如何挖参，体现人与自然相融合的过程，还有拜山祭山文化、狩猎文化、放鹰文化，这些都表现了人与自然的和谐生活。放鹰文化、狩猎文化如今虽不能复原，但它体现了人们与大自然的关系：人源于自然，又经过向自然索取的过程到现在的回报自然，森林就像我们的母亲。

表 3-1　长白山区动物资源地域种类分类对比

种类分类	世界	中国	吉林	长白山区	长白山管委会辖区	比率%（长白山管委会辖区）			
						世界	中国	吉林	长白山区
兽类	>4500	607	80	66	56	0.012	0.092	0.700	0.848
鸟类	>9000	1294	350	285	230	0.026	0.178	0.657	0.807
爬行类	>3000	384	19	17	12	0.004	0.031	0.631	0.706
两栖类	>2000	302	13	13	9	0.005	0.030	0.692	0.692
鱼类	25000–30000	3862	>130	129	24	0.001	0.006	0.185	0.186
昆虫	100万（已定名）	>15万	>3500	2957	1255	0.001	0.008	0.359	0.424

表 3-2　长白山区珍稀濒危动物资源地域保护级别种类分类对比

分类　种类	中国		吉林		长白山区		长白山管委会辖区	
	I 级	II 级	I 级	II 级	I 级	II 级	I 级	II 级
兽类	43	59	5	10	5	9	5	8
鸟类	37	159	12	51	8	42	3	32
两栖类	—	7	—	—	—	—	—	—
爬行类	8	12	—	—	—	—	—	—
鱼类	4	11	—	—	—	—	—	—
昆虫	2	15	1	1	1	—	1	—

二、突出生态完整性的专项保护行动

生态系统完整性是资源管理和环境保护中一个重要的概念。它主要反映生态系统在外来干扰下维持自然状态、稳定性和自组织能力的程度（黄宝荣等，2006）。在生态保护中，不仅局限于保护物种本身，还应加强对其栖息环境的保护，体现生态保护完整性原则。由于长白山北坡、西坡通往天池的旅游公路均穿过核心区，将核心区人为分割成三部分。每到旅游季节，道路上往来车辆非常多，严重影响了过路迁移的野生动物（尤其是大型动物）的安全。因此，需要在保护区的核心区内，即通往天池的西、北两条旅游道路上建设动物通道。为了与保护区周围环境景观相协调，使野生动物便于通过，在原公路上松土并种植草本植物，每个桥墩下栽植藤本植物。

（一）红松种源保护

生物多样性是人类赖以生存和发展的基础，生物多样性保护最重要的核心是保护植物种质资源，保护生物多样性，保证生物种质资源的永续利用是一项全球性任务，也是全球环境保护行动计划的重要组成部分。

红松是像化石一样珍贵古老的树种，天然红松林要经过几亿年的更替演化才能形成。长白山上最古老的一棵红松已经有 400 年的历史。红松现在被国家划为国家二级保护植物，它的生长需要上面遮阴，侧方有树木，这样红松发育才会良好，如果红松种源没有得到良好的保护，何谈红松这一物种的可持续性？目前保护区内，巡护人员主要采取死看死守的方式对红松种源进行保护。

红松籽具有很高的药用价值和营养价值，因此很多人甚至不惜冒着生命危险，进山采摘红松籽。在采松籽的过程中，由于红松树很高，最高可达 40 米，采摘红松籽又需要爬到很高的地方，人们借助一种名为"脚叉子"的工具进行采摘，脚叉子的铁片插入松树的树干中，松树便流出一种液体，因而这样的红松被称为"流泪的红松"。

长白山保护中心采取以下 7 大措施不断强化红松种源保护工作力度：

①进一步加大宣传教育力度，提高人们的保护意识。保护中心、公安局、边防支队、森警部队和文广新局联合，每年都会开展大型红松种源保护宣传活动，针对周边森工企业、社区及村屯采用张贴公告、悬挂横幅、播放宣传录音、发放宣传单等形式进行红松种源保护与森林防火宣传教育。通过广播、电视等媒体播放红松种源保护短片，提高周边群众的红松种源保护意识。②进一步强化驻守看护力度。保护中心经过实地调查，根据秋季区内红松籽结实量以及分布情况，划

定22处重点区域，采取死看死守的方式，以重点驻守区域为中心，不间断地组织开展巡护、堵截行动，最大限度减少森林资源破坏案件的发生。③进一步加大外围管控力度。保护中心联合公安局、边防支队、森警部队对保护区23处主要入口进行外围堵截，各检查站24小时值班，对过往车辆进行登记和检查，最大限度控制非法采摘人员和运输红松籽车辆进入保护区。④进一步加大联合清区力度。保护中心联合长白山公安局、森警部队、边防支队针对红松籽结实量大、入区盗采人员密集的区域积极开展"不定时、不定点、不定线"的联合清区行动，关键时期还需组织夜间巡护清区行动，重点清查非法入区和非法用火行为。⑤进一步加大打击处罚力度。为严查严处非法盗采红松籽行为，保护中心与长白山森林公安局成立了案件处理小组，对有计划、有组织的盗采团伙给予严厉打击，对掠青（松塔尚处于青果期）盗采、非法运输、收购等行为依法从重从严处理。林政执法人员严格按照林业行政执法程序办理林政处罚案件，并采取教育与处罚相结合的方式，严格、文明、秉公执法，减少保护区内破坏森林资源案件的发生。⑥进一步加大市场监管力度。长白山林业局、森林公安局、工商局组成市场监管小组，对红松籽加工企业、山货庄等红松籽交易场所进行不定期巡查，并设立公开举报电话，发现非法收购和销售红松籽行为，予以严肃处理。⑦进一步加大督导检查力度。红松种源保护行动期间，保护中心领导及保护处不定时深入各保护站及保护行动一线，督导检查各项工作的开展情况及案件处理情况，杜绝虚张声势、里勾外连等不良现象发生，确保红松种源保护行动取得实效。

（二）护蛙专项行动

林蛙别名哈什蟆、田鸡、雪蛤，体长60~90毫米，雄蛙比雌蛙小。皮肤粗糙；背及体侧有排列不规则的疣粒；腹面光滑，乳白色，具红色斑点；背面、体侧及四肢上部土灰色、红色及黄色小点；鼓膜明显，上有三角形黑斑；两眼间常具一条黑横纹；后肢胫跗关节可达鼓膜或眼部。每年4~9月在离河流、水池较远的山林中生活，喜欢栖居在阳光较弱而又潮湿的山林阴坡；9月末至翌年3月下旬水

图 3-2　武警开展清区活动

栖生活，4 月中旬至 5 月初产卵。是中国东北长白山特有的珍稀野生动物。

林蛙的主要经济价值：它不仅能捕食森林害虫，而且还可入药，特别是雌蛙的输卵管（蛤蟆油），是传统的名贵药材。正由于其极具经济价值，导致许多人大量捕杀林蛙牟取暴利。

随着长白山第一场春雨的来临，处于长白山保护区低海拔区域的头道保护站、白河保护站辖区的林蛙纷纷涌出河道上岸产卵。为确保上岸林蛙的安全，长白山自然保护管理中心及时调动人员开展护蛙专项行动。参战人员在指挥部的统一部署下，一方面出动多台巡逻车在环山公路头道段和公路白河段开展巡查，清理捕捉林蛙的车辆和人员。另一方面组织了徒步巡查小组对二道白河、头道白河沿岸和林蛙产卵区域进行徒步巡护及严看死守。此外，行动人员在长白山公安局交巡特大队的配合下，设立固定检查点和流动检查点，对林蛙集中上岸过道的时间段封闭道路，制止车辆通行，防止大量上岸林蛙被车辆碾死。

　　林蛙保护之白河保护站工作纪实。为加强对保护区内的林蛙资源的保护，针对春季气温回升较快、林蛙较往年提前上岸的情况，2015年4月，白河保护站组织开展了为期15天的护蛙专项行动。在行动期间，白河保护站进一步加大河流沿岸的巡护密度和频率，并适时组织区域清区行动，同时增设人员在检查站和主要入区路口，对过往的行人和车辆进行严格检查，坚决制止携带捕蛙工具和火种入区；对林蛙分布较为密集的重点区域，分组轮流执勤，严看死守，确保林蛙排卵后安全上山。在雨天等关键时期，加大公路巡查力度，及时制止公路捡蛙行为。结合辖区连续降雨、林蛙随雨天迁徙的活动习性，组织全站巡护人员对区内的河流等重点林蛙栖息地及待繁殖地进行全面清查。并在林蛙产卵季节，对河流进行重点巡护。

图3-3　保护林蛙之马路救助

（三）人参保护

人参目前在保护区内数量极少，主要分布在海拔 500~1600 米的针阔混交林中立地条件十分良好的地带。天然野山参种群数量本来就十分稀少，加之人为采挖，已濒临灭绝。因此，人参保护任务迫在眉睫！除了对保护区野生人参死看死守的方式进行保护外，我们还可以如何做？或许下面讲述的陈红早老汉的做法值得我们借鉴。

图3-4　长白山人参

一个长白山采参"老把头"的变迁[1]

陈红早老汉曾经是远近闻名的采参"老把头"，他从十几岁起便跟着老辈人学会了"放山"，即进入山林中寻觅、采挖野山参的本事。如今，因其首创了在自然生态下栽培保护珍稀濒危植物野山参的做法，成为长白山区一位响当当的人

1　此文根据新华社相关报道整理。

物。由于长白山区人口剧增，林木大量砍伐，以及对野山参的过度采挖，野山参数量急剧下降。20世纪80年代初的一年，他"放山"20多天，只挖回几根小山参。这时他突然想到："如果这么珍贵的野生植物挖绝了可怎么办？""绝不能让野山参在我们手里灭绝。我决定采取行动保护这些山里的宝贝。"他暗下决心。经过长期观察，他发现人工播种在山林中的人参籽，经过十几年生长还能还俗返祖、表现出野山参的特性，无论是芦头、纹路还是品质都和野山参没什么两样。在林下撒种栽参这个想法浮现在他的脑海，"这样既不用砍树毁林，又不会带来水土流失，还是一条很好的生财之道"。于是他把掉落在山里的参籽捡起来，埋到附近山上的树林里，几年后，再把长出的小参分堆单栽。1984年承包制刚开始实行时，陈红早向上级提出了承包山林的请求，得到批准。他承包了过去实验栽山参的40亩山林，同时在林下种植野山参。参籽播下后，参苗长高了，他像照料孩子一样精心照料着山参。为了把这项事业发扬光大，几年后，陈红早又把这些山林全部分给了子女，专心当他们的技术指导员。在儿女们的精心管理和继续开拓下，他的"山参保护区"已初具规模。在浓荫匝地的树林里，大大小小的野山参顶着通红的"榔头"随风摇曳。陈红早说："过去大伙只知道滥采野山参，弄得山参都快采没了。我建这个'保护区'，就是为了不让这么珍贵的野山参绝种，同时也给子孙后代留下一座使不完的'绿色银行'。"为了使乡亲们也能尽快致富并加入到保护野山参的事业中来，陈红早和孩子们还主动向乡亲们传授林下栽培野山参的技术。[1]

---

1 马扬.给子孙后代留下"绿色银行"——一个长白山采参"老把头"的变迁［N/OL］.人民网，2000，http://www.people.com.cn/GB/channel1/907/20000711/140035.html.

第三节　传统人工巡护

巡护工赢得我们的尊敬，同时也令盗采盗猎者畏之。巡护工是长白山保护的基石，无论刮风下雨、天寒地冻，巡护队员始终奔忙在保护第一线，确保区内资源安全。"千里眼"、"铁脚掌"、"活地图"是人们对巡护工的戏称。"千里眼"主要指瞭望台上的守望员；长白山保护区目前共有 13 座森林防火瞭望台，瞭望面积辐射全区 80%。瞭望塔配备望远镜、手持机和罗盘，进行观察、通信与定位，守望员实行 24 小时值班制度。"铁脚板"主要是对每一位巡护人员的称呼，每年巡护人员的巡护里程高达 12 万公里以上，巡护路程可绕地球两圈。"活地图"主要指巡护人员对山里的地形十分熟悉，在没有 GPS 的帮助下也不害怕迷失在森林里。

一、长白山保护的基石——一线巡护工

前往长白山调研，在管委会的安排下，我们见到了长白山资深巡护工杨海山。初见杨师傅，他身着迷彩服，握手时明显感受到他手上厚重的老茧，那是岁月的符号。简单介绍过后，便开始了对杨师傅的采访。杨师傅家在中国吉林森工集团泉阳林业局，1974 年，杨师傅在抚松县兴孙公社上山下乡，1979 年林业局招工，在林业局工作一段时间后，他不愿看到大片林子被伐，便托人将其调到长白山保护局，那时他 25 岁。在保护站工作时，作为森林巡护工，他需要经常上山，在山上待十天半月是常有的事，不能陪伴在家人身边，照顾好家人，让他觉得对妻儿父母十分亏欠。在保护站工作的时间越久，和杨师傅一样的保护站其他工作人员对长白山这大片林子就越有感情，哪一片林子有点什么小问题他们都牵挂在心。

图 3-5　秋季人工巡护

每到不同的季节，他们便想着自己牵挂的动植物怎么样了，有没有人乱采乱偷。从杨师傅的言语中笔者能感觉到长白山的一切生灵就像巡护工们自己的孩子一样。

巡护工们需要每天进山巡护，若发现特殊情况有可能住在山里，时间长达半个月，一年四季没有休闲时间。开春主要任务是保护林蛙，然后是鹿茸鹿胎；夏季保护草药，例如贝母、天麻、灵芝等珍贵植物；冬天主要保护野生动物，巡护工们的主要工作是清套子，抓打猎的。秋天则主要是对红松种源的保护，防止他人盗采盗挖。对于偷盗采猎，巡护工们一般采用跟踪技术跟踪嫌疑者，以使人证物证齐全，来抓获盗采盗挖者。但由于森林巡护工们只有行政权而没有执法权，遇到情节较轻的以批评教育为主，遇到情节较为严重的，便会将偷盗者带回保护站交给林政或者森林公安。作为资深巡护工，杨师傅多年来在长白山森林巡护中遇到过许多惊心动魄的事件，他向我们描述了印象较为深刻的一件。

2013 年底，春节即将到来，杨师傅一行人在长白山上进行日常的巡护工作。

突然，巡护小组发现了偷猎者的踪迹，但由于各种原因并没有抓到偷猎者。第二天，巡护组根据各种线索，发现了盗猎者的踪迹，随后巡护组将情况上报给保护中心，保护中心与森林保护科进行联合抓捕。在抓捕过程中，偷猎者有四部猎枪，而八名执法者仅有两部枪，秉承着"不到万不得已不朝人开枪"的原则，执法者只能朝天鸣枪以示警戒。由于当时环境恶劣，雪已经拦腰深，给执法者抓捕偷猎者造成一定障碍，使偷猎者得以逃脱。隔了些日子，这四名盗猎者又到长白山偷猎，被狗咬伤，真是天网恢恢，疏而不漏，这些不法盗猎分子终于被抓获。

谈到一线巡护员的人身安全问题。杨师傅说道，由于巡护员没有执法权，没有权利携带枪支和匕首，因此巡护人员在巡护过程中一经发现情况必须立即向保护中心汇报，保护中心又向公安局上报，保护中心和公安局联合起来进行工作，这样才可以避免与不法分子直接接触所带来的危险。

二、"武装"一线巡护工

管委会成立前后，作为一线巡护工，他们的工作条件究竟发生了哪些变化？"管委会成立前，当时是老保护局，由于体制等因素，福利待遇和现在相差甚远。老保护局每三年发一套装备及棉衣棉鞋等。管委会成立后，在中心领导的关怀下，就服装而言，每人每年四套，现在上山巡护组都配有睡袋和帐篷，而且其他配套设施也都跟上来了。"杨师傅如是说。目前，保护站巡护人员都配备了先进的手持机、GPS、背囊、睡袋、睡垫及野外宿营帐篷等巡护设备。

由于长白山保护区面积广，日常保护分辖区进行巡护，但巡护工们在日常的巡护当中，除了自己责任内的巡护区域外，还会交叉巡护，不分你我，大家都是为了一个共同的目标——保护长白山的动植物。过去，巡护主要依靠步行，每个保护站的每次巡护，加上站长和电台员也仅有十来个人，没有 GPS，无法定位。巡护员之间无法直接联系，大家只能通过电台员使用座机呼叫来相互联系，与大部队失去联络的巡护员也只能依靠自己的记忆回到保护站。过去，为帮助新加入组织的巡护员快速熟悉工作环境，防止其迷失在森林里，保护站一般采用传、帮、带的方式。现在保护站人数增加，一般会分成两三个队分开执行巡护任务，每队最少两部 GPS，设备越来越先进，巡护员穿的鞋也主要采用轻便耐用的户外鞋。

在保护措施方面，在老保护局时代，每到快过年时，林子里的枪声如同放鞭炮。管委会成立以后，枪声越来越弱，如今几乎听不到什么枪声，套子、夹子现在几乎看不到，盗猎越来越少。一方面法律不断健全，管委会成立后加强了对盗猎者的处罚力度，对于携带枪支者严格按照国家的法律，移送司法机关；对于一些保护动物，如花尾榛鸡，现在打两只就会立案，但过去遇到这样的盗猎行为，管理者也是睁一只眼闭一只眼，并不会采取相应的措施，那时老百姓保护意识也很弱，不懂法。另一方面管委会成立以后，对各个保护站也加强了管理，对各个保护站下达任务，每个站每天通过 GPS 定位来检查巡护员巡护路径。老百姓法律意识的不断提高，相关政府部门管理措施、力度的不断加强，都是盗猎数量下降的主要原因。野猪、狍子在过去很少见到，现在巡护时会经常看到，而且连平常非常少见的紫貂、马鹿也都繁殖起来了。

三、保护站，我的家

保护站是巡护工们的家园。长白山自然保护区现有 8 个保护站，各保护站办公楼建筑面积 700~1000 平方米。保护站集办公和生活一体化，配有会议中心、宿舍、餐厅等。保护站自身的建设十分重要，组织管理好，员工才可以全身心地投入到工作中。长白山保护中心的各个保护站以"管理规范、站容整洁、站风文明、作风优良"为管理目标，大力推行保护站标准建设和半军事化管理。并投入了大量资金用于保护区能力建设。努力提升和改善保护站工作和生活条件，提高职工伙食补助标准；并为基层职工办理人身意外保险、医疗保险、失业保险和养

图 3-6　白河保护站

老保险；定期更新巡护运兵车辆，更新通信、瞭望设备，新建保护站和瞭望塔等。

　　保护站在巡护管理工作方面，通过延长对森林的巡护时间、加大巡护密度、野外宿营等方式，对重点区域、火险区进行死看死守。保护中心每月对各个保护站进行不定期的检查，尤其对领导带班情况、职工在岗情况进行重点检查和督促。西、北坡各个保护站每个月深入区内开展不少于四次的巡护稽查工作。对区内资源保护情况、三乱事件发生情况、巡护工作开展情况一般会认真做好稽查记录，这样的检查记录一般作为各个保护站年终考核评比的基础数据。为加强日常巡护和林政稽查，保护中心严格要求各个保护站扎实开展日常巡护工作，做到全区管护工作无死角、无盲区，各个保护站巡护工作做到"日日有记录"、"周周有计划"、"季季有总结"。

　　保护站之间的评优活动不断激励着工作人员。评优一般涉及几个方面，第一，每个站在保护方面是否有纰漏；第二，主要看该站的职工有无违法乱纪行为，还会参考该站的管理、站容站貌、卫生、职工的素质等。保护站的巡护工们之间还会进行保护技术的切磋，以经验的传、帮、带方式来管理新人，资格老的巡护工们之间也有小秘密，有些巡护工对于某些珍贵的植物十分了解，例如人参等，他们尽量不告诉人们如何识别，害怕有人对珍贵植物"心怀不轨"；但对于有些具有特殊功能的植物，例如可以有效治疗毒蛇咬伤，具有解热、镇痛功能的蓍草等，巡护工们会告诉当地居民如何使用，并有效地治疗蛇毒。野外生存如何过夜，什么能吃什么不能吃，大家都会相互告知。

图 3-7　长白山针阔混交林

四、植物保护——"别管它"

1986 年 8 月下旬，保护区境内的西坡和西南坡受到罕见龙卷风袭击。龙卷风持续 10 分钟左右，吹倒海拔 750~2000 米的植被，形成从阔叶红松林、云冷杉林至岳桦林的一个风倒带。据 1987 年 5 月资源卫星图判读，风灾面积达 9800 公顷，约占保护区总面积的 1 /20（侯向阳，1996）。然而以"救灾"为名进行长达七年之久的风倒木生产和更新人工林的双重人为干扰，对保护区森林生态系统造成无可挽回的破坏，使风倒区全部丧失了自然特性，一部分林地恢复推迟百年，另一部分发生逆向演替，退化为次生草甸（沈孝辉，2010）。这一次教训使保护者们了解到，有时候对于自然保护，最好的办法就是减少人工干预，"别管它"。

第四节　保护智能化

目前，长白山的保护管理和科研监测系统的硬件配备及软件开发，基本实现了保护管理及科研监测技术手段的网络化、数字化和自动化。多功能管理监测系统建设，使保护管理的技术手段达到国际先进水平。实现长白山自然保护区管理开发的科学化、现代化、信息化、网络化、自动化、人性化，把保护区建设成为生态环境优美、资源保护完好、设施设备先进、管理高效、功能多样、可持续发展的具有国际先进水平的国内示范性保护区。

图 3-8　长白山地区的中华秋沙鸭

一、电子沙盘指挥系统与 SMART 巡护操作系统

电子沙盘指挥系统在长白山森林资源保护方面起着重要的作用。森林防火指挥电子沙盘是森林防火指挥中心信息化系统的主要子系统，是各种森防信息的汇聚平台，在林火扑救指挥中要使用大量全面的、准确的、实时的信息。其主要用于日常的接警处理、热点定位、辅助分析、指挥调度、态势标绘与态势图制作、避险通知、灾损评估等工作中。森林防火电子沙盘通过地形数据（常用地形数字高程）制成在标准的地理坐标系中的三维地形图，再叠加航拍或卫星遥感影像生成某地区的仿真电子沙盘。它主要是基于 ARCGIS，融入其他科学技术，现在的新一代电子沙盘系统能够更加立体形象地对森林进行监测。此系统不仅能够监测固定的行为，同样适用于移动的物体。

《SMART 巡护操作系统》是由国际野生生物保护学会 (WCS) 聘请专家研发的野生动物保护与监测的综合管理软件，该系统通过汇总执法监督、巡护覆盖率、野生动植物监测、人类活动控制等信息，直观显示巡护盲区和保护管理成效，为及时调整保护措施和领导决策提供重要参考，目前在中国运用该系统的只有长白山、珲春、黄泥河、汪清和西双版纳 5 个保护区。巡护人员上山进行巡护工作，巡护设备中的手持 GPS 与此系统相匹配，监测具体的巡护路径以及巡护频率，现在的手持机增加了信息回报功能，此功能可以实时向 SMART 系统反馈巡护人员的具体位置。通过对系统的不断改善，此系统可以采集巡护人员在森林巡护的小道路线，通过系统形成一个路径，在没有老职工的帮助下，普通巡护人员也可以根据系统反馈的信息走出森林。系统收集的大数据还可以帮助巡护人员更快地抵达目的地。长白山自然保护中心每个月都会出具 SMART

巡护技术报告，通过 SMART 巡护技术记录的巡护工作量（步行巡护以及车辆巡护），巡护路线示意图，分析各个保护站巡护方式，找出巡护死角，并制定下一步的实施重点与措施。

在交通与通信方面。保护中心目前共有指挥车辆 14 台，运兵车辆 9 台，无线通信中继站 4 个。现在保护站巡护人员更新了先进的手持机、GPS、背囊、睡袋、睡垫及野外宿营帐篷等巡护设备，瞭望台也更换了最先进的望远镜、罗盘和电视接收设备，这让巡护人员的森林巡护工作如虎添翼。在通信设备、设施方面。保护区的通信主要是通过 18 个基地台、16 个车载台、200 余部手持 GPS 对讲机的上传下达完成。

二、航空护林

根据长白山国家级自然保护区的特点，结合多年来发生森林火灾的历史，为减少长白山保护区森林火灾造成的损失，保护森林资源的安全，实现生态资源可持续发展，从 2000 年开始，每年春秋两季防火期，由省森林防火指挥部从吉林省敦化航空护林站派出 1 架直升机，驻守在长白山保护区。协助长白山保护区的森林防火工作。长白山保护区森林火灾具有火源种类多、火灾多样、寻找火场难度大等特点，近年来长白山保护区没发生重大森林火灾，航空护林在森林防火方面发挥了重要作用，已成为当地森林防火的一支重要力量。

为了提高保护区及周边地区森林火灾的监测和扑救能力，拟在长白山管委会池北旅游经济管理区南侧（白河林业局宝马林场的 103 林班内）新建一处航空护林站，占地面积约 10 公顷，停机坪 6400 平方米，设计 4 个停机位（40 米

×40米），滑行道24000平方米（长1200米，宽20米），均为水泥地面。拟建办公楼850平方米（两层），机组人员宿舍及其他辅助用房1420平方米，油库500平方米，围墙2.5千米。同时购置"别–200型"水陆两用灭火机和"米–38型"巡护灭火直升机各1架，并配备地面指挥系统、其他附属设施及必要的办公设备。

第五节 申遗：纠结与新希望

为了更好地保护长白山，树立长白山世界品牌，国家各部委与吉林省政府曾积极组织长白山世界自然遗产的申报工作，并且取得了可喜的成绩。然而国家层面出于外交考虑，长白山的申遗之路便停止在距离成功仅一步之遥的地方。

一、曾经的热情与信心满满

长白山保护开发区管理委员会长期筹备长白山世界自然遗产申报工作。鉴于长白山地质地貌、垂直景观带、丰富的动植物资源，具有极大的科研价值，管委会曾乐观地估计长白山保护区会被列入中国申报《世界自然遗产名录》首位，并在 2008 年世界遗产大会上申报成功，加入《世界遗产名录》，希望借助长白山作为世界自然遗产这件事，大大提高其国际知名度。的确，长白山申报世界遗产工作曾一度取得了显著进展。2006 年 1 月，长白山被正式列入国家建设部首批公布的《中国国家自然遗产、国家自然与文化双遗产预备名录》，并在已列入名录的 17 处各类遗产中排位第二。

二、现在的淡定从容

然而遗憾的是，这一期盼并没有实现。那么长白山保护区为什么无法列入世界遗产呢？世界遗产是指被联合国教科文组织（United Nations Educational, Scientific and Cultural Organization, UNESCO）和世界遗产委员会确认的人类罕见的、目前无法替代的财富，是全人类公认的具有突出意义和普遍价值的文物古迹及自然景观。联合国教科文组织作为国际性组织，主张遗产明确的属地性，这意味着列入世界遗产必须要界定明确的范围，还需保证遗产的完整性。关于长白山申遗的问题，由于考虑到与朝鲜的关系，长白山不适宜申遗。作为世界A级自然保护区、世界物种基因库、人与自然生物圈保留地，长白山有典型的生态系统，有近五千多种动植物资源，保护价值极高。长白山虽然海拔并不高，但它是垂直分布，所有植物在长白山上以带状被全部发现，植物从高级到低级，是典型的、完整的生态系统，随着海拔的升高在不断变化；植物分布的不同，影响下面生存的动物。虽然长白山未列入《世界自然遗产名录》，但是世界自然遗产申请本身就是宣传长白山的最好机遇，这也算是有所收获。

三、新希望——国家公园试点

2015年5月18日，国务院批转《发展改革委关于2015年深化经济体制改革重点工作意见》提出，在9个省份开展"国家公园体制试点"。国家发改委同中央编办、财政部、国土部、环保部、住建部、水利部、农业部、林业局、旅游局、文物局、海洋局、法制办等13个部门联合印发了《建立国家公园体制试点方案》（以下简称《方案》）。《方案》确定了北京市、吉林省、黑龙江省、浙江省、福建省、湖北省、湖南省、云南省、青海省共9个国家公园体制试点省（市），每个试点省（市）选取1个区域开展试点。试点时间为3年，2017年底结束。

2015年4月29日，长白山被吉林省政府确定为国家公园体制试点区。建立国家公园体制试点，对进一步有效整合"大长白山"区域自然资源，理顺现行管理体制，建立更加持续高效的生态保护机制和运营管理体制，解决长白山区域各个保护地交叉重叠、自然生态系统碎片化等问题，保存完整的长白山自然生态系统，维护区域生物多样性，推进区域生态文明建设和经济社会的可持续发展等具有重大意义。

第四章　打造国际旅游度假目的地

　　自 2005 年成立管委会之后，长白山的生态保护与开发建设便进入了一个新的发展阶段。一路披荆斩棘，一路风风雨雨，长白山十年建设取得了巨大成就。它基于自身特点与优势，明确建设国际旅游休闲度假目的地的目标，确定"旅游城镇化，城镇景区化，景区国际化"三化融合的发展道路，形成了有效的开发管理模式，指引着长白山景区的发展与兴盛。

图 4-1　中国长白山国际旅游节暨首届瓦腾·长白山之夏滑雪节

第一节　企业化模式促开发

选择何种模式来开发建设景区是景区经营管理所面对的首要问题，也是景区开发建设中所面临的亟须明晰的问题，是政府"包干"，还是出让给民营资本来开发经营？不同区域的景区因为其景区类型、地区经济发展水平、政府能力或市场发育程度等因素导致景区所选择的开发模式也会有所不同。

一般来说，景区的管理体制大约有两种，即企业化模式和非企业化模式（邹统钎，2006）；其中，企业化模式又可分为三种，即隶属于政府的国有企业模式（政府资源＋国有资本）、股份制企业模式（政府资源＋上市或非上市股份制公司）及碧峰峡模式（政府资源＋民营资本）。在企业化模式中，景区的经营权和管理权相分离，主管景区的政府部门并不直接干预景区的经营，但是在景区规划开发方面起着主导或引导作用。

从目前来看，长白山景区的开发管理模式大致是属于管理权与经营权相分离的国有企业模式，在该模式中，长白山管委会起着主导作用。2005 年 11 月，管委会联合长白山保护区森林旅游公司成立长白山开发建设（集团）有限责任公司（简称长白山集团），致力于推动长白山旅游经济发展，已逐步成为长白山区域开发建设的市场操作主体和主要建设力量。2011 年，通过对长白山开发建设集团的优质资源整合，揭牌成立了长白山旅游股份有限公司，并于 2014 年上市，促使长白山走向了资本市场。

一、政府主导规划与保护

政府主导型发展战略是各个国家尤其是发展中国家旅游发展过程中的共同经验。旅游业具有综合性强、覆盖面广的特点，实行政府主导型战略也是必要的，政府的协调力强、信誉度高且具有一定的资金筹措优势，实行政府主导发展战略也有利于实现旅游业的快速发展。长白山管委会在长白山景区开发管理中所起的主导作用突出地体现在景区规划、生态保护与招商引资上。

在景区规划方面，管委会管理下的池南、池北、池西三区的规划工作由管委会统一负责，统一由一家规划公司进行规划。管委会按照"以特色化体现国际化，以国际化完成特色化"的发展思路，坚持高点站位、文化引领、科学决策，聘请国际国内顶级规划团队，先后完成了《长白山保护与开发总体规划（2006~2020）》及分区规划、《长白山旅游发展总体规划（2011~2020）》、"池北区二道白河镇城市风貌"、"慢行步道系统"、"宝马城"、"十八坊产业园"、"吉林长白山碱水河国家湿地公园"等多项规划设计，明确了"一心两核，两轴双园，五岸九区"的城市功能格局，形成了规模层级有序、功能优势互补、空间布局合理的规划体系。

在生态保护方面，管委会始终坚持"保护第一"原则，牢固树立"开发服从于保护，以合理开发促进有效保护"理念，保护好长白山的自然原生态和生物多样性，努力发挥长白山对全省大气调节、水土保持等方面的生态涵养功能。累计投入 23 亿元，实施了"松花江大峡谷综合整治"、"城区污水处理、垃圾处理、集中供热"、"风灾区防火通道"等 50 余个重点项目，使长白山区内空气质量达到国家一类区一类标准，水质达到国家一类水标准。

管委会在布局招商时采取"双向选择"原则，一是看长白山整体发展布局的需求和项目对整个区域的带动及影响力，二是看项目投资商自身的实力、品牌影响力以及开发的侧重点是否符合整个区域发展战略。在项目建设时，坚持建精品项目、树百年工程，连续开展"项目建设年"活动，已累计实施长白山慢行系统、城区路桥改造、十八坊产业园、旅游集散服务中心、5A级景区改造提升工程等重点项目576个，完成投资246.6亿元；重大招商项目29个（其中百亿元以上6个），签约总额近1100亿元，实际到位资金113.8亿元。

二、企业致力于开发与经营

长白山管委会依托长白山开发建设集团来实现企业化的经营管理。长白山集团自成立以来，在长白山管委会的领导下，以"统一规划、统一保护、统一开发、统一管理"为原则，坚持"绿色就是财富，保护就是发展"的发展理念，充分发挥长白山景区保护与开发、区域项目投资与建设两大工作职能，以市场化运作为手段，致力于推动长白山旅游经济发展，已逐步成为长白山区域开发建设的市场操作主体和主要建设力量。

加快推动区域项目投资与建设是长白山集团的主要职能之一。成立以来，长白山集团以完善长白山景区服务设施、提升景区旅游接待能力为核心，已新建和改建了一批基础设施和功能服务设施。

与此同时，长白山集团致力于长白山旅游的开发与推广，最大限度推动长白山旅游产业发展。在产品开发方面，不断丰富长白山旅游产品体系，大力推动长白山旅游由观光型向观光休闲复合型方向转变，承办了历届长白山国际雪文化旅游节、长白山国际旅游节系列活动。期间，开展了长白山极限滑雪挑战赛、长白山公路自行车赛、长白山汽车拉力赛、高山花园赏花大会等数十项活动和赛事。在旅游营销方面，利用央视、凤凰卫视、主要客源省区卫视进行形象广告营销，不断提升长白山的知名度和美誉度。并且，与国家开发银行、中国银行建立了长期的银企战略合作伙伴关系，与北大青鸟集团、吉林森工集团、延边林业集团结成战略合作伙伴，与中青旅、国旅、中旅、神舟国旅、南湖国旅、一汽丰田、一汽大众等70余家单位建立了营销合作关系，共同推广长白山旅游。

长白山集团在全力建设长白山旅游业的同时，积极拓展经营范围，延伸产业链条，相继在旅游商品开发、文化旅游等方面投入人力、物力，做活旅游配套产业，形成了集吃、住、行、游、购、娱为一体的经营管理结构，取得了较好的经济效益和社会效益。

图4-2　第二届中国瓦腾·长白山国际森林公路自行车节

为实现产业与资本、资本与市场的有效对接，按照吉林省委、省政府的战略部署，2010年，吉林省长白山旅游交通运输有限公司通过增资引入中国吉林森林工业集团、吉林延边林业集团，并于同年整体变更为股份有限公司，即长白山旅游股份有限公司，并于2014年8月在上海证券交易所成功上市，是东北地区第一家旅游上市公司。目前，长白山旅游股份核心业务之一是旅游客运，主要涉及长白山景区内游客运输、旅游车辆租赁等业务，并获得长白山景区20年道路运输独家经营权，并且已经逐步发展成为吉林省旅游产业的龙头企业。长白山股份公司的上市，将进一步加快长白山旅游开发建设。

第二节　国际视野谋发展

长白山拥有欧亚大陆东部最为典型、保存最为完好的温带山地森林生态系统，拥有世界级的旅游资源。所以，景区的开发建设也是用"世界眼光"和"国际化思维"去谋划和统筹，不断提高世界知名度，增强国际影响力。

一、打造国际旅游度假目的地

景区的主题定位是由景区的发展目标定位、景区的功能定位和景区的形象定位组成的，三者有机统一于景区的发展之中。长白山正倾力打造世界级的生态旅游度假目的地，大力丰富观光休闲与度假养生等旅游产品，塑造推广"休闲养地·大美长白山"的品牌形象，努力实现生态屏障等功能，积极构建国际旅游度假地。

（一）世界级生态旅游度假目的地

长白山拥有世界级的资源与品质，因而其目标定位也是国际范——世界级生态旅游度假目的地。

在长白山旅游发展的指导性文件《长白山旅游发展总体规划（2011~2020）》中订立了长白山旅游发展的总体目标：以生态保护为前提，以天池及其他重要自然资源为核心吸引物群，以自然旅游为主导、文化旅游为支撑，集观光、休闲、度假、养生、运动等功能为一体，环境、社会、经济协调发展的世界级生态旅游度假目的地。

从长白山管委会的角度来看，管委会则更强调实现"建设世界名山，打造文化名城，繁荣带动周边，服务全省发展"的总体目标。前者是对景区的发展提供了具体的开发建设思路，后者则强调将长白山景区发展融入区域发展当中。因此，在建世界名山、造文化名城的同时，也强调要带动周边地区繁荣，促进全省发展。

建设世界名山，就需要以自然资源为主导，集观光、休闲、度假、养生、运动等功能为一体，统筹环境、社会、经济协调发展，将长白山建成世界级生态旅游度假目的地。打造文化名城，就要以文化旅游为支撑，促进长白山文化的挖掘、回归、传承和弘扬，大力发展长白山的文化产业，树立文化品牌。只有长白山地区大发展，才能更好地促进周边地区的社会经济发展，为吉林省的开发建设贡献力量。可见，管委会所提出的目标是对长白山地区发展方向的一个高度概括，而《长白山旅游发展总体规划（2011~2020）》中所定位的总体目标则对长白山景区建设提供了具体的思路，二者有机统一，在实际建设过程中也相互促进。

（二）五大功能定位

长白山景区的开发建设，从景区层面来看，就是要发挥其观光、休闲、度假、养生、运动等功能，满足游客需求；从区域宏观角度来看，就要发挥它对吉林省所具有的"生态根基屏障"、"生态文化品牌"、"开放交流平台"、"旅游产业龙头"、"边疆和谐稳固"五大作用，这五大作用也是长白山景区开发的宏观的功能定位。

生态根基屏障突出了长白山的生态功能定位。在长白山开发建设中，管委会始终坚持"保护第一"为原则，牢固树立"开发服从于保护，以合理开发促进有效保护"理念，保护好长白山的自然原生态和生物多样性，努力发挥长白山对吉林省的大气调节、水土保持等方面的生态涵养功能。生态文化品牌和旅游产业龙头则更强调对长白山经济功能的定位。长白山地区自然资源丰富，具有宜居宜游的生态环境，对于吉林省而言，是具有强大竞争力的生态文化品牌，是吉林省旅游发展的王牌。

边疆和谐稳固的作用则是对长白山社会功能的定位。社会稳定是繁荣发展的前提。长白山保护开发区地处吉林省东部，与朝鲜接壤，又和白山市、延边朝鲜族自治州（以下简称延边州）相连；同时长白山又是满族和朝鲜族的圣山。所以长白山地区的繁荣与稳定对于边疆的和谐稳固具有重要意义。

长白山地区发展要融入到区域中去，也要以开放的心态致力于把长白山建成对外交流的平台、宣传推介的窗口、加深合作的基地，积极打造联动全省各地、辐射东北地区的"大长白山旅游经济圈"。

（三）休闲养生地

旅游景区形象是吸引游客的关键性因素之一，树立和维护良好的景区形象有利于景区的长远可持续发展。

长白山是中国首个、也是最大的一个被联合国教科文组织纳入"人与生物圈"保护区名单的地区。这里森林生态系统完整，动植物资源丰富，是欧亚大陆北部最具代表性的山地型自然综合体，是生态旅游的理想目的地，也是休闲养生的好去处，能为旅游者提供徒步、登山、骑自行车、漂流等各种户外运动体验与温泉养生、食疗养生与森林养生等养生度假产品。

因此，长白山景区的形象定位便是"休闲养生地·大美长白山"。近年来，长白山旅游基础设施和旅游配套服务设施的建设日益完善，正在实现由"半年闲"向"四季游"的转变，为休闲度假提供了良好的支撑。管委会正倾力打造该品牌形象。管委会依据景区形象，推出了长白山统一形象标识系统。在 2010 年 1 月

图 4-3　长白山旅游形象标识

12 日开幕的 2010 中国长白山国际雪文化旅游节上，长白山正式启用了新的旅游形象标识。

从造型上看，该标识为"长白山"英文的开头字母"C、B、M"，并且融入了"长白山"书法狂草的写意手法。从色彩上看，色彩与造型将"山、水、火"三个长白山最本源的元素相融合。蓝色既能体现冬季雪山之壮景，又能展现夏季清爽宜人的胜地之意。新的长白山标识一形多意，将火山爆发的汹涌澎湃之势、三江源头的壮丽、长白山点睛之笔的天池、连绵起伏的长白山脉、松之傲骨、山之胜景融合到一个整体形态中。

二、以自然保护区为核心的旅游目的地

1986 年，长白山晋升为国家级自然保护区，1992 年，被世界自然保护联盟（IUCN）评审为具有国际意义的 A 级自然保护区。长白山地区开发建设划定区分规划指导区（协调区）、规划管理区（直管区）和自然保护区（控制区）。在自然保护区内严格限制开发建设，而在外围区域进行旅游开发，打造国际生态旅游度假目的地，形成"以自然保护区为核心的旅游目的地"的空间发展结构模式。该模式是以"自然为基础的旅游"（Nature–Based Tourism)为内核，以"休闲度假、服务支持、产业发展"（Resort/Service/Industry）为外部空间的有机组合。

对于以保护为主的长白山核心景区而言，"自然为基础的旅游"是主要的旅游方式，保护、科研、教育、观光将是其主要功能；对于长白山核心景区所辐射的外围区域而言，"休闲度假、服务支持、产业发展"将是其主要功能，突出关注旅游的综合效益，使得生态保护、旅游经济以及旅游富民融为一体。

因此，在该模式的架构下，"山上观光、山下休闲，景区、城区、周边一体化"的建设理念能够得到实践，长白山的"三化道路"与"1238"空间布局便是在这种模式和发展理念指导下建设发展的。

（一）参照国际标准，实施"三化"战略

所谓"三化"，便是旅游城镇化，城镇景区化，景区国际化。城镇化是目前我国实现经济发展方式转变的重要突破口和着力点，是刺激内需的重要潜力所在。走集约、智能、绿色、低碳的新型城镇化道路，是建设中国特色社会主义城镇化道路的重要途径之一。旅游城镇化则是一种特殊的城镇化，是一种新型的城镇化发展模式，利于实现产业结构的优化升级、就业方式的转变以及人居环境的改善。长白山景区的发展道路选择也正是基于对旅游城镇化的利好与景区的实际情况的认知而做出的，走长白山特色城镇化之路，将城镇建设与景区建设融为一体，打造国际旅游度假目的地。

管委会致力于构建"大美长白山"旅游格局，按照"山上观光、山下休闲，景区、城区、周边一体化"的发展理念，推动旅游引导型城镇化发展；同时又以环境、社会、经济协调发展的世界级生态旅游度假目的地的构建为目标，以国际化思维去谋划长白山的未来发展，指导景区化的城镇建设，推动长白山迈向国际化景区行列。

管委会在坚持旅游城镇化、城镇景区化、景区国际化的道路上，实施了相应的措施。管委会着眼于实现长白山景区与城区的互联互通和融合发展，统筹推进长白山特色城镇化进程和内外交通立体化进程。管委会连续开展"项目建设年"活动，实施城区路桥改造、十八坊产业园、旅游集散服务中心、5A级景区改造提升工程等重点项目510个，大大加快了景区与城区的融合发展的进程。

并且，环长白山旅游公路于2009年10月开通，实现了长白山旅游公路的全线贯通，大大缩短了长白山北景区、西景区和南景区之间的距离，成为了以飞机、铁路、公路为主的环长白山立体交通网络的主动脉，提高了景区的通达度，推进了景区内外交通立体化进程。而池北区二道白河镇加快建设特色城镇化示范城镇的标志性工程之一的集景观路、交通路、便民路、文化路、产业路、生态路于一体的总长50公里慢行系统也已在2014年投入使用，它标志着长白山保护开发区向休闲化、生态化、国际化迈出了重要一步，也是改善民生、提高居民生活品质的重要举措。它不仅可以使广大居民和游客在长白山优美的风光和森林、河边漫步休闲，体验人与自然的和谐统一，而且从一个侧面展示了池北区建设特色城镇化的成果，并为吉林省城市慢行系统的建设起到示范引领的作用。[1] 池北区二道白河镇也成功纳入国家新型城镇化试点。

（二）"1238"[2]，优化布局

遵循"以自然保护区为核心的旅游目的地"的空间发展结构模式，长白山在旅游空间布局上实行了"1238"。其中，"1 心"是指一个长白山核心景区；"2 环"是指环区公路游憩环与外围区域联动环；"3 极"是指打造池北区、池西区、池南区三极；而"8 区"是指以环长白山旅游公路为轴线，形成的和平、参花、槽子河、前川、卧龙、白溪、横山、望天鹅 8 个旅游主题功能区。

图 4-4　长白山旅游空间结构规划

1　吉林省首个慢行交通系统在长白山建成开通 http://www.jl.chinanews.com/news1-105793.html 。
2　长白山旅游发展总体规划（修编 2011~2020）。

通过"1238"空间发展布局的构建，将进一步加快长白山旅游功能的空间合理分区，并且有利于每个分区的主题塑造，避免重复性建设与恶性竞争。

8个主题功能区的旅游产品主题也各不相同。和平主题功能区依托温泉资源和紧邻景区的良好区位，将营造一个山林环抱中的以养生、养心、养颜为主要功能的温泉主题度假区。参花主题功能区将以长白山景区优质的森林景观为依托，打造以全景森林体验为特色的游憩度假空间。卧龙主题功能区则是以会议中心、酒庄等为主要载体的具有长白山农林文化特色的国际会议度假区。白溪主题功能区则将被打造成集旅游、度假、居住、商业、文化休闲、商务、交通等功能的长白山景区北、西、南三条线路的联合接待中心。槽子河主题功能区将会成为以林农生态产业为主题的农庄乡村休闲度假区。前川主题功能区将是传承长白山林场文化基因的林场风情度假区。横山主题功能区则会利用该主题功能区紧邻中朝边境的特点和南坡生态旅游的发展导向，努力建设成为南坡脚下的国际生态旅游大本营。望天鹅主题功能区则会建成东北亚顶级的冰雪运动度假胜地。

图4-3　外围旅游小镇与主题功能区分布

可以看出，8个不同的主题功能区也将会形成不同功能的产品簇群。例如，度假酒店群、冰雪运动群、特种产品群、生态体验群、温泉养生群等。在"1238"的旅游空间布局下，将优化现有功能定位与布局，进一步加快推进产业空间一体化发展，打造长白山国际旅游服务产业体系。

（三）四位一体的产业建设

长白山的产业建设与生态保护是对立统一的关系，它从推进生态文明建设的视角来审视产业建设，以科学保护为原则来指导产业建设，通过大力发展绿色产业，与生态保护工作形成良好的互动关系，促进二者相互融合。

管委会依托池北区二道白河镇、池西区东岗镇、池南区漫江镇及所属8个主体功能区，着力培育壮大长白山旅游、文化、特色生态资源和矿泉水"四大产业"，促进产业间的链条延伸与衔接融合，努力形成"以生态保护为根本前提，以旅游产业为龙头引领，文化和特色生态资源产业为两翼支撑，矿泉水产业为引擎推动"的四位一体产业格局。[1]

图4-6 池南区长白山冰泉（恒大一期泉眼）

---

1 长白山管委会.长白山保护开发区工作情况报告.2014年。

图 4-5　长白山冰雪旅游

　　在四大产业体系构建中，旅游业是优先发展的产业。目前，长白山正大力培育新型旅游业态，包括举办各种冰雪赛事活动，打造冰雪旅游；推进温泉资源开发，做大做强温泉旅游；大力开发生态资源，发展生态旅游、养生度假游等。通过一系列举措，促使长白山的旅游发展初步实现了两个转变：一个是由单纯的观光型旅游模式向休闲度假复合型、功能服务配套型、生态文化融合型转型，另一个是传统的淡旺季旅游差异正向四季均衡化转变。

　　文化产业的发展对于长白山建设"文化名城"具有至关重要的作用。长白山管委会确立了以三个生态经济区、历史文化名城作为定位基点，以人文旅游和生态旅游为导向，[1] 积极促进长白山文化的挖掘、回归、传承和弘扬，搭建长白山文化产业生态载体、人文载体、艺术载体、科技载体，努力把长白山建成具有高品位和鲜明特色的"文化名城"。通过宝马文化村、长白山文化创意产业园、长白山十八坊、长白福街向、长白文心广场四馆（图书馆、展览馆、档案馆、文

1　长白山管委会四大产业专题 http://cbs.jl.gov.cn/zhuanti/2014sdcy/2.html#2。

化历史馆）、长白山大学城等文化产业项目的建设，推动长白山文化产业的发展，构建新的城市发展格局。

长白山的特色生态资源产业发展前景广阔。据考证，长白山保护开发区内生物多样性的年总价值为78.16亿元，其中，年经济效益总价值为4.20亿元，特色生态资源的开发利用价值十分巨大。长白山特色生态资源产业战略定位就是依托"长白山十八坊产业园区"建设，大力发展长白山特色生态资源培育养殖基地，以长白山特色生态资源地理认证和产品生产加工认证体系，以及"十八坊"前店后厂的生产加工过程全透明的经营模式，打造全国一流、具有长白山特色的生态资源产品品牌，以电子商务平台等经营模式，建成全国顶级的特色生态资源产业园区。[1]

矿泉水产业迅速崛起。长白山是世界三大优质矿泉水产地之一，初步探明矿泉水28处，年出水量1.5亿吨，水质优良、分布集中，具有大规模开采的良好条件。管委会充分发挥后发优势，利用长白山优质的天然矿泉水资源，实施长白山品牌战略，精心培育"长白山国家级自然保护区唯一出品"品牌；并且积极建设矿泉水产业基地，引入广州恒大集团投资150亿元、深圳海王集团投资100亿元的矿泉水开发项目，努力将矿泉水产业培育成吉林省的优势产业，把长白山保护开发区建设成吉林省重要的新型矿泉水产业基地。

1　长白山管委会四大产业专题 http://cbs.jl.gov.cn/zhuanti/2014sdcy/3.html#3 。

第三节 "大美长白山"品牌塑造

品牌是旅游目的地的无形资产，能为旅游目的地提供巨大的附加价值。长白山拥有雄厚的资源基础，长白山管委会也充分认识到了旅游品牌的重要性。长白山管委会大力投入，进行长白山的品牌塑造，形成了"品牌＋产品＋节事"的整合营销战略。同时，在长白山管委会日常的标准化和精细化管理下，塑造和维持了良好的品牌形象。

一、营销战略＝品牌＋产品＋节事

长白山具有强大的品牌优势，目前已经拥有世界生物圈保留地、世界 A 级自然保护区、国家级自然保护区、中国国家自然遗产、国家首批 5A 级旅游景区等多个国内外品牌。尤其是在管委会成立之后的十年，长白山在旅游市场的营销与推广上注入了更多人力、物力和财力，包括确定了"休闲养生地·大美长白山"的品牌形象，并设计了具有多重含义的长白山 Logo，打造具有一定影响力的"长白山国际旅游节"节庆品牌及冬季雪文化节等活动、建设了长白山旅游门户网站、制作了长白山旅游宣传片、在央视及国内重要电视台投放了推广广告等。

（一）大美长白山——品牌支撑战略

品牌有助于旅游景区宣传自己的产品，品牌也代表着旅游产品的品位、实力与质量。因此，树立自己独特的品牌，对旅游景区而言是独步市场、保持良好的旅游吸引力和生命力的重要"法宝"。

长白山保护开发区管理委员会前主任在接受采访时指出，"从中国来讲，旅游胜地有三个类型：第一是以纯自然风光为主，如黄山、九寨沟。第二是以历史和文化结合，比如西安、敦煌莫高窟。这个类型吸引人的地方不亚于自然风光，国外的人都愿意看看民族的东西。第三就是宗教文化，如五台山、九华山、峨眉山。长白山是第一种类型，它的特点就是自然风光，它的吸引力严格来讲就是它的壮美景观，它的火山地貌，它的原生态"。[1] 所以，管委会自成立以来，一直致力于把长白山打造成一个推向全国乃至世界的品牌和名片。为了增加长白山的魅力，也要充分挖掘它的文化内涵。通过对长白山"原始、源头、元气"，"神奇、神圣、神秘"等概念的深度挖掘整理，丰富和提升旅游品牌内涵。

在"休闲养生地·大美长白山"的主品牌下，针对长白山四季不同特色、面向不同市场，结合领域产品体系，推出"十个长白山"品牌形象组合，即大美长白山、生态长白山、养生长白山、活力长白山、22℃夏的长白山、雪域长白山、文化长白山、浪漫长白山、富庶长白山和盛会长白山，使长白山品牌形象更立体、更多元。

（二）面向生态养生的产品升级战略

产品是景区开发市场、抢占市场份额的基础，产品也是支撑品牌建设的核心，是在任何时候都不能忽视的。尤其是在智慧旅游景区建设中，产品与服务的质量与品质决定着游客的最终体验；只有产品建设丰富且质量优越、能让游客有完美的体验才能够成为真正的"互联网＋景区"，"＋"起来也才有意义。因此，旅游景区在发展过程中必须根据市场的需求来开发产品。

长白山根据自身特色，策划和组织了"冬季到长白山赏雪、滑雪、泡温泉"、"长白山年夜饭美食节"等系列活动，并不断丰富长白山休闲度假、健身疗养、冰雪运动等多元化旅游产品体系，形成了八大主题旅游产品。依托长白山美丽的自然风光所开发的观光旅游产品，包括地质地貌观光、瀑布观光、河湖观光、植

1　徐晗：建立生态长白山魅力长白山和谐长白山 http://www.jl.xinhuanet.com/newscenter/2009-03/06/content_15885998.htm 。

物观光、天象气象观光等类型的观光旅游产品；养生度假旅游产品，包括温泉养生产品、森林养生产品、食疗养生产品等；节事旅游产品，包括长白山国际旅游节、长白山国际雪节，公路自行车拉力赛、汽车场地越野赛、全国滑雪冠军赛等节事；文化型旅游产品，包括长白山文化博物馆、人参博物馆、满族文化博物馆等在内的博物馆体系；绿色生态旅游产品，包括观光型生态旅游产品，环境教育型生态旅游产品与生态摄影型旅游产品等；户外运动旅游产品，包括长白山内环徒步、景区内观光走廊骑行、长白山第一漂、横山户外营地等；冰雪旅游产品，包括冰雪观光产品、冰雪运动产品、冰雪娱乐产品等；美食购物旅游产品，包括二道白河美食街等美食购物旅游产品和长白山人参、长白山生态蜂场等购物旅游产品。

同时，精心设计了北西景区联游、赏雪滑雪泡温泉等 10 余款旅游套餐服务项目。例如，在 2014 年夏季，推出三种不同的旅游套餐卡，满足不同游客的需求。①观光之旅：长白山北景区门票 1 张 + 大戏台河景区门票 1 张 + 大戏台河车票 1 张。②超值之旅：北景区门票 1 张 + 大戏台河景区门票 1 张 + 大戏台河车票 1 张 + 聚龙泉洗浴门票 1 张。③深度之旅：长白山西景区、北景区门票 1 张 + 大戏台河景区门票 1 张、车票 1 张 + 聚龙泉洗浴门票 1 张。

（三）节事多样化与常态化

节事营销有两层含义：一是节事是一种很好的营销载体，二是节事本身需要推广营销。节事本身就是一种十分有效的营销方式（张俐俐，2005），在长白山的营销战略选择中，管委会充分重视节事营销在提高品牌知名度与影响力的战略

图 4-8　旅游套餐卡

作用，节事旅游产品在丰富产品体系和提高游客参与体验度方面的重大作用，联合长白山开发建设集团等市场主体，打造了"品牌节事＋高端论坛＋多个系列节事"的节事旅游产品谱。

并且，为促进节事营销的持续性，长白山不断丰富节事旅游产品，形成多样化与常态化的产品市场形势；并遴选出游客满意度高、市场效益好、影响力强的节事活动，形成了"拳头产品"。

管委会已经连续多年举办了长白山国际旅游节和长白山雪节暨长白山国际冰雪嘉年华，它已经形成了冬夏两季呼应的两大品牌节事；举办了中国长白山国际生态论坛，提高了长白山国际生态品牌的影响力；除此之外，策划了大小规模不同的分季节系列节事作为可选择的内容，以企业或者社区为主体在不同季节推出。这些系列的节事，包括一般在七月中下旬举行的长白山森林旅游节，每年九月中旬举办的长白山枫叶节，每年6月末7月初举办的长白山花卉节等。

目前，"一带一路文化长白"长白山森林音乐节在中国吉林长白山盛大举行，

图4-9　2016长白山雪节暨长白山国际冰雪嘉年华新闻发布会现场

图 4-10　长白山森林音乐节之天池音乐周

作为本届音乐节的重头戏，8 月 28 日，国际钢琴大师郎朗于天池畔，开启音乐寻根之旅，用乐声激活天池碧水，为海内外嘉宾演绎了一曲酣畅淋漓的《长白之恋》。

另外，在事件营销方面，长白山具有显著的优势。众所周知，在长白山众多传说和故事中，最具神秘色彩的就是长白山天池怪兽之谜，这也是人们谈起时眉飞色舞、津津乐道的话题。近些年天池怪兽的出现，引起人们极大的兴趣，成为当时人们谈论的热门话题，成功增加了长白山天池的曝光度。例如，最近一次天池水怪的出现是在 2013 年 11 月 24 日，这一天数百名游客在天池湖边目睹了水中有两只"水怪"在环形游动嬉戏的情景。长白山充分利用这件事情，通过新浪微博等公众号向外推送，天池水怪登上新浪微博的热搜榜，新闻媒体也均报道了此事。不仅如此，管委会旅游局、长白山新浪微博号等在面向游客介绍长白山时，均会利用天池怪兽之谜吸引游客，展现长白山的原始与神秘，促使天池的神秘被更多的人所了解，天池的美丽也被更多的人所称赞，激发了游客了解长白山、游览长白山的欲望。

二、景区管理标准化与精细化

长白山景区从 2006 年开始实行封闭式管理，并且重新进行利益分配，采用政府行为对之前的个体经营者进行驱赶，实现管理顺畅。之后，采用工业的管理模式来思考旅游的管理模式，对粗放的景区实行标准化与精细化管理。在景区建设时注重环境保护，均采用生态材料，贯彻绿色就是财富的发展理念；在景区内部的交通管理方面，采用工业化思维指导车队管理，力行标准化与精细化；在景区旅游厕所建设上，坚持高标准建设与制度化精细化管理，走在全国前列。

（一）车队管理：工业思维的运用

长白山股份成立至今，未发生过一起重特大安全事故。2012 年，该公司获得吉林省交通安全委员会"吉林省文明交通安全企业"荣誉称号；2014 年，顺利通过"道路旅客运输企业安全生产标准化企业"二级达标验收。荣誉的背后是长白山股份公司按照工业思维的管理模式对车队实行的标准化与精细化管理。

在长白山统一车辆管理后，在反复试验和论证的基础上，长白山股份公司科学制定了景区主峰运营车辆在旅游旺季（夏季）单程运行"16±1"分钟、在旅游淡季（冬季）单程运行"18±2"分钟的标准，车辆分班组，按照顺序"组团"上山，在上山各个路段都有明确的时速标准，不能超车，不能随意停车，确保安全运营。并且，制定了"运营线路操作规程"，在景区运营公路上的各个急转弯、陡坡、动物出没区域、人员密集区域，均设立了多重安全、警示设施，如凸视镜、爆闪灯、减速带、弯路标识、严禁超车标识、主峰公路区间测速设备、严禁徒步登山标识等，每辆车内都按要求配备安全设备。

同时，推行智能化管理，通过互联网技术等，实现各类景区交通信息的自动

图 4-11　景区内统一规范的客运车队

感知、及时传送和汇总发布，实现了景区交通服务智能化。例如，数字对讲机便使景区交通管理做到了"无绳化"。目前长白山景区拥有商务车、大巴车、中巴车等 10 余种车型共 500 多辆，所有运营车辆都配备了无线对讲机，无线对讲机的使用让车辆的调度与管理更加方便、快捷、高效。并且，为每辆运营车辆都安装了北斗卫星定位监控系统和行车记录仪，实现了车辆的有效管理与利用。

（二）一号工程：生态厕所

去过长白山的游客在景区如厕时均会被长白山景区厕所艺术化的外观、整洁卫生的内里所打动。长白山的旅游厕所建设也的确是走在了全国前列，管委会更是将旅游厕所的建设与管理作为提升公共服务体系最重要的内容，作为树立旅游形象、推动旅游业转型升级的重要抓手，摆在了旅游业"一号工程"的首要高度。

1. 高标准规划与建设

立足高起点定位，聘请北京大地设计院、杭州园林设计院、北京土人设计院等国内顶尖规划设计团队，投入 200 余万设计费用，完成《长白山池北旅游服务基地旅游厕所》、《环长白山旅游厕所》等多项规划设计。在前不久国家旅游局举行的旅游厕所设计大赛中，长白山景区采用的路克奔公司设计方案《严寒旅游景区无水生态化厕所设计》获得一等奖,《吉林长白山厕所设计方案》获得鼓励奖。

同时,长白山严把质量,做出精品,充分结合长白山生态、文化等元素并融入国际特色等建筑风格设计,形式形态不拘于传统的建筑形式;充分运用新技术和新手段,注重对生态环境和资源的保护,做到"一个公厕一道风景"。

2. 建管结合、以管为主

厕所的建设重要,但是日常维护管理更加重要。只有坚持"建管结合、以管为主"的原则,多策并举,才能真正让旅游厕所为景区形象加分。为此,管委会逐步推进 PPP、POT、政府购买服务等模式在旅游厕所管理中的应用,转变主要依靠政府资金和人力投入的传统方式,并且,明确管理主体,让厕所建得好、管得好。同时,为提升厕所服务,长白山景区制定《旅游厕所工作标准》,并以此作为标杆创立"8 分钟保洁法",并对厕所管理企业实行考核和监督,确保管理服务优质高效。

图 4-12   长白山景区厕所一角

第四节　大长白，大格局

区域旅游合作是充分发挥区域旅游资源共享、优势互补，推动区域旅游市场的发展、营造大环境，发展大旅游的最佳发展之路。长白山的旅游发展目标定位便是要带动周边繁荣、服务全省经济，因此，选择区域旅游合作发展的道路有利于长白山与周边景区形成资源共享、优势互补的局面，发挥吉林省旅游产业龙头的作用，带动周边地区的旅游经济的繁荣。加强长白山区域旅游合作也利于促进长白山地区从单一自主式发展向融合共赢式发展转化，从自然观光式旅游向文化、生态、养生、度假复合式旅游发展，从本土化的旅游发展向国际化的旅游发展迈进。

一、大长白山旅游经济圈

2012 年，长白山管委会与延边州、白山市在东北亚博览会上共同签署了《长白山、延边、白山三地冬季联合促销合作协议书》，宣告长白山区域旅游联盟正式成立。三地围绕长白山组成区域旅游联盟，旨在共同整合长白山冬季旅游资源、有目的的特色旅游产品和线路，研究制定针对旅游企业和游客的相关优惠措施，并为旅游企业搭建宣传、沟通、合作的平台，做强做大大长白山冬季旅游，摆脱长白山地区旅游季节不均衡现状。这是长白山加强区域旅游发展的标志性举措。

2013 年 4 月，长白山管委会联手长白山周边地区的延边州、白山市、通化市等市县召开长白山区域发展合作座谈会。此次座谈会共同商讨了长白山区域旅游联盟的合作范畴和层次的深化、大长白山旅游协调发展机制的构建与区域优势资源的整合问题。在会议上，各方就构建联动吉林省各地、辐射东北地区的"大长白山旅游经济圈"达成共识，并将其提上日程。

2014年9月，第三届长白山冬季旅游联盟座谈会在长白山池北区召开。会上强调要把旅游城镇建设作为旅游六要素的服务着力点和最大吸引物，以长白山区域为核心的观光休闲旅游度假区，创造协同发展的局面，实现山上、山下、区内、区外全域景区化。联盟座谈会还就构筑定期沟通联席会议平台、规划统筹平台、产业合作平台、综合服务平台、联合招商平台五大平台进行了具体磋商。

二、跨区域合作共赢

在与周边地区加强区域旅游合作与交流的同时，管委会还谋求跨区域的合作。管委会在2013年加入了第五届东北东部（12+2）区域合作圆桌会议框架。东北东部（12+2）市（州）区域合作圆桌会议是由辽宁省丹东市发起的一个自发性区域合作组织，旨在加强东北东部城市之间的交流合作，共同推动东北东部地区的发展。最初由牡丹江市、本溪市、丹东市、吉林市、通化市、白山市、延边市、鸡西市、七台河市、双鸭山市、佳木斯市、鹤岗市共12个市组成。随后，大连市和伊春市先后加入，形成了东北东部区域12+2的合作发展格局。通过加入该会议框架，有利于长白山推进东北第一旅游集散地加目的地的旅游发展格局的形成。管委会还与新疆喀纳斯、台湾阿里山、日月潭缔结"兄弟山"、"姊妹湖"友好景区关系，并且，举办"中国长白山国际生态论坛"，彰显了长白山作为国际生态高地的品牌价值。

但就目前长白山区域旅游合作发展情况而言，它还处于初级阶段，大长白山旅游区域协调发展机制尚在构建过程中，实现大长白山的区域旅游一体化还任重道远。

第五章　旅游升级新力军

——万达长白山国际度假区

美国《纽约时报》评选出的2013年全球"必去"的46个旅游目的地中，中国只有两地入围，一个是长白山，另一个是宁夏。宁夏的入选理由是"独特的美景之余，酿造出中国最好的葡萄酒"。而长白山能够在中国众多名山大川、名胜景区中脱颖而出，与巴黎、里约热内卢、卡萨布兰卡等世界著名旅游目的地一起并列其中，则很大程度上源于"这里拥有亚洲超大型的滑雪胜地"——万达长白山国际旅游度假区。在旅游内涵已经发生深刻转变的今天，万达与长白山共同谱写了旅游发展的新篇章。

图5-1　长白山国际度假区

第一节　吉林省求变与万达思变

　　吉林省有丰富的旅游资源，长白山景区也是吉林省重要的旅游资源之一，长期以来景区以观光旅游为主。传统的观光旅游一方面会过分依赖门票经济，对周边地区的带动效应很小。另一方面由于有明显的淡旺季，造成了大量资源的闲置。吉林省致力于发展长白山旅游，整合了周边的旅游资源，为长白山的后续发展创造了良好的条件。万达的加入，使长白山由传统的观光旅游目的地逐渐向高端休闲度假旅游目的地转变。

一、"一年旅游半年闲"与走马观花的观光游

　　吉林省位于东北中部，其东部为长白山脉，包括延边朝鲜族自治州、白山市、

图5-2　长白山雪景

通化市和吉林市部分地区，有松花江、鸭绿江和图们江以及这些江河形成的众多湖泊资源，一年四季均有适宜的旅游资源。然而，与兄弟省份黑龙江省、辽宁省相比，经济发展相对落后的吉林省在旅游开发领域进展一直较为缓慢。

首先是旅游淡旺季明显。长白山景区一直是吉林省旅游的核心资源，但是在2006年以前，由于风雪较大、交通不便，长白山每到冬季便要封山，从春节过后直到4月一直是旅游淡季，呈现"一年旅游半年闲"的尴尬局面。其次是旅游形式单一，以观光为主。吉林省虽有冰雪资源，但是冰雪旅游发展一直不尽如人意。而主打的旅游目的地长白山作为重要的自然保护区，又对游览活动有严格的控制，使游客"留不住，玩不好"。因此，如何变走马观花的观光游为集"吃、住、行、游、购、娱"为一体的休闲度假游，使游客在吉林省停留时间延长，破解淡旺季差异，成为吉林省旅游发展的必然选择。

2008年，吉林省致力于调整产业结构，大力扶持服务业，特别是旅游业的发展，试图以长白山为全省的旅游龙头开始进行突破。吉林省从政府开始抓长白山旅游，一是把长白山管委会从县级提升为厅级，二是对长白山周边的县区进行了整合和梳理，并在长白山下抚松县拿出十几平方公里的土地，办好了所有土地手续，净地招商，吸引外来战略投资者，借外力发展自己，打造国际型旅游目的地。万达集团也在被邀请之列，为长白山与万达集团的联合埋下了伏笔。

二、万达转型文化旅游

大连万达集团成立于1988年，经营涉足商业地产、高级酒店、旅游度假、文化产业、连锁百货五大产业。作为中国地产业的翘楚，万达集团成立至今，始终不安于现状，积极寻求转型。正如王健林总结说："万达的成功源自于企业对形势的判断和转型的动力，万达发展离不开多次的关键转型。"

作为旧城改造热潮（1988~1992年）下诞生的公司，万达的第一次转型是跨区

图5-3　长白山国际度假区高尔夫球场

域经营，走出大连市，将业务拓展到广州市，从一个区域公司，变为一个全国性的公司。为使企业获得长期稳定的现金流，万达集团实施了第二次战略转型，进军商业地产，在全国首创"订单地产"和"城市综合体"的商业模式，形成商业地产产业链和企业的核心竞争力，成为全国商业地产的第一品牌，使企业获得长足发展，连续6年保持35%的增速。通过对行业的系统分析，万达认为不动产市场即将趋于饱和，开始寻求第三次转型，终于，文化和旅游进入了王健林的视野。

　　2009年至今，在别人纷纷做商业地产的时候，王健林已经断定未来是休闲时代，并谋求万达转型，寻找新的发展空间和利润增长点，将文化和旅游产业作为企业新的重点发展方向，并斥巨资创立了万海文化旅游公司，专职度假旅游产业的开拓。此时的万达，虽深谙商业地产之道，但在旅游地产上却还是"门外汉"。虽然有了做文化、做旅游、打造国际休闲旅游目的地的想法，但却苦于没有思路、没有团队。当时万达有三大困惑：第一，怎么给项目找准定位。第二，怎么谋求商业模式和业态的可持续发展。第三，怎么设计项目的功能组成，从而使它成为真正名副其实的休闲度假目的地。困惑之余，万达也急需一个如长白山这样大型的项目打响第三次转型之役。

三、当求变与思变融合

2008年9月，包括王健林、黄光裕、卢志强、孙喜双等民营经济大佬在内的投资考察团来到长白山，与抚松县政府共商打造长白山旅游为世界级旅游目的地。

吉林省当时仍以传统的观光旅游为主，难以发挥旅游经济对省域发展的拉动作用。只有观光旅游的长白山，如果还仅仅依赖景点游、依赖门票经济，就无法成为高端休闲度假目的地，因此必须发展高端度假游，改变游客消费结构，延长游客停留时间，才能更好地拉动地方经济发展。此外，黑龙江省完达山到辽宁省千山都属于长白山一系，长白山旅游不仅是一个山地景区的旅游，而且是一种代表北方休闲度假方式的旅游。如果吉林省不抓住长白山，辽宁省和黑龙江省就会发展长白山；如果吉林省不率先发展高端休闲度假旅游，辽宁省和黑龙江省便会抢占先机。最终，吉林省政府和民营投资团达成了发展高端旅游，打造长白山高端休闲度假旅游目的地的共识。

于是，长白山开始热闹起来。由万达牵头，联合中国泛海、联想控股、一方集团、亿利资源等几家中国顶级民营企业，计划投资230亿元，建亚洲最大的滑雪场，建设万达长白山国际度假区。如王健林说，这里将不仅是一个滑雪胜地，随着长白山国际旅游度假区各分项目的全面落成，这里将形成一个以生态胜景为基础、以冰雪运动为中心，涵盖各种高端娱乐休闲模式和设施的全方位国际旅游度假区，亦将成为中国旅游业由观光型向体验型迈进的里程碑之一。

第二节 北纬41度

——全球山地度假黄金纬度带

由万达集团领衔投资打造的万达长白山国际旅游度假区选址于诞生了达沃斯、霞慕尼、惠斯勒等世界知名度假胜地的全球山地度假黄金纬度带——北纬41~46度，并坐拥该纬度带上开发最晚、生态资源保留最为完整的原始森林体系。

一、大体量规划

长白山国际度假区的建设规模之大、档次之高、内容之丰富，代表了中国休闲度假旅游项目的最高水平，堪称世界级的旅游项目。项目占地面积约18.34平方公里，总投资超过230亿元，是全国投资规模最大的单个旅游项目。长白山国际度假区分为南北两区，北区规划为旅游新城，将建设抚松县行政中心及会议中心、文化中心、购物中心、学校、医院、住宅区等生活设施。南区为国际旅游度假区，由高档度假酒店群、国际会议中心、大型滑雪场、小球运动场、森林别墅、国际狩猎场、漂流等项目组成。高档酒店群规划建设10家酒店，首期将开工建设六星级的柏悦度假酒店、五星级的凯悦会议酒店、四星级的假日酒店和三星级的快捷酒店。同时将开工建设亚洲最大的滑雪场，占地近7平方公里，一期建设43条雪道，能满足举办冬奥会级别国际赛事以及初级、中级滑雪爱好者的需求。2012年，长白山国际度假区完成了北区旅游新城的主要设施建设，南区完成了滑雪场、冬季雪上两项运动场、6家酒店以及购物中心、大剧院、度假小镇的设施建设，实现开业。长白山国际度假区国际会议中心将作为永久会址，每年举办"中国民营企业家发展论坛"。

二、顶级滑雪场

长白山国际旅游度假区滑雪场是亚洲目前顶级的滑雪场之一，由世界排名第一、设计过5届冬奥会比赛场地的加拿大Ecosign公司担当设计，滑雪场总占地面积7平方公里，共有滑雪道43条，包括9条满足冬奥会比赛要求的高级雪道，以及14条中级雪道，20条初级雪道，雪道总长度约30公里，总面积93.5万平方米，可同时容纳8000位滑雪者。滑雪场有7条缆车，索道总长度达7.1公里，其中3条奥地利多贝玛亚6人吊椅挂式抱索器缆车，2条法国巴马8人吊箱抱索器缆车，2条国产4人吊椅固定抱索器缆车，12条适合初学者的魔毯，小时运力达到2.2万人。其建址选择也非常考究。长白山脉的森林资源，赋予了滑雪运动神秘感，在百年丛林中滑行，仿佛身临一种异域的国度；再加之较长日照时间，形成了独特的冬日暖阳气候，温度与湿度的合适比例，更是让度假区的滑雪场成为世界上不可多得的滑雪度假胜地。此外，北纬41~46度，也被誉为黄金滑雪度假带，横亘着两座世界瞩目的名山——"欧洲屋脊"阿尔卑斯山和东方的长白山。滑雪场处于世界滑雪黄金纬度内，紧邻长白山天池西坡，地处日本海海洋性气流和西伯利亚季风气候交汇处，占地面积为7平方公里，降雪量为1.5~2米，雪期为每年的11月中旬至次年4月中旬，达150天，是国内唯——家被称为"会呵护的港湾滑雪场"。滑雪场设施完备，拥有东、西、果松雪季大厅、三处设备设施齐全的滑雪服务中心，宽敞明亮，设施豪华，建筑面积超过1万平方米。万达长白山滑雪场国土资源丰富，提供雪具租赁、滑雪教学、滑雪视频、摄影、餐饮等各方面服务，在雪场最高点建有4000平方米的山顶餐厅，在满足人们就餐的同时还能远眺长白山美景。

第三节 山地度假综合体模式

长白山国际度假区是一个集旅游、会议、休闲、商业、娱乐等功能于一体的山地度假综合体，被规划为滑雪场、高端度假酒店群、旅游小镇等5个主要功能区。也只有这样的旅游目的地，才可以产生巨大的影响力和消费能力。旅游休闲离不开娱乐，更离不开商业服务。长白山国际度假区建设了由运动服务、休闲体验、生活服务、应急服务以及特色商品五类商业功能组成的度假小镇，与滑雪服务中心、星级酒店群有机结合，同时根据不同的项目，再配合以文化商业和旅游的要素，如商业街、美术馆、博物馆、医疗、教育中心等，形成了集"主题项目＋商业地产＋酒店＋住宅＋文化产业＋百货业"于一体的复合旅游地产模式。

（一）品牌定位：东方旅游重镇，东北亚首席度假胜地

长白山国际旅游度假区以冰雪运动为品牌，以体育休闲、度假疗养、商务会议和自然观光为主导，突出长白山森林生态魅力和北国冰雪风光。度假区以体育娱乐服务业、生态休闲度假产业、商务度假服务业、旅游地产业为核心，发展具有持续创新力、高科技设施和综合服务功能的现代化度假区。度假区通过重点开展滑雪等旅游度假项目，突出体育休闲与长白山森林风光的特色，成为亚洲顶级的示范性冰雪运动基地和滑雪爱好者的天堂，并与长白山风景名胜区旅游事业联动发展，提高旅游业综合服务等级，打造世界级水平的生态、文化、时尚、创新高度融合的旅游目的地。

（二）旅游综合体模式：跨界与整合

过去10年中，万达凭借"每座万达广场，都是一个城市中心"的口号把超过100座万达广场开到了中国的几十个城市，作为"城市综合体"的万达广场涵

盖了大型商业中心、五星级酒店、高级写字楼、公寓、住宅、国际影院等多重业态，实现了购物、办公、居住、娱乐、休闲的多功能复合体。

当万达进驻旅游业、进驻长白山时，"城市综合体"的发展模式也同样在延续。度假区以长白山这一稀缺旅游资源为依托，将观光、休闲、度假、娱乐、运动、商务、会展、居住、购物等不同功能的产品项目进行整合，从而在长白山构筑了集观光休闲于一体的旅游度假新模式，打造出了一个切合游客各种消费需求的旅游综合体，将西欧、北美国家历经百年沉淀的山地度假生活方式，在长白山给予演绎与超越。

相对于观光型产品的单一、游客的被动接受，游客越来越乐于享受"一站式"休闲。追求尽善尽美、不断提档升级才能在博弈中占上风。夏季长白山国际度假区是高尔夫度假胜地，球场被长白山原始山林环抱，"百年孕育、自然天成"，尽显纯净呼吸之美。冬季这里是世界顶级滑雪胜地，43条初级、中级、高级雪道，让你在"无风、温暖、呵护"中享受港湾式滑雪场的乐趣，度假区内丰富多彩的雪地娱乐项目，儿童滑雪场等娱乐设施能满足不同年龄游客需求，和长白山的皑皑白雪亲密接触。长白山并不是单纯的一座滑雪场、高尔夫球场，最重要的是建立了一个度假的模式。从柏悦酒店、威斯汀酒店到凯悦酒店、喜来登酒店、假日度假酒店、套房假日酒店，度假区内9家国际品牌酒店，从准四星级至白金五星级共有3000余套客房，加之度假别墅与公寓，可容纳近万人同时度假。功能齐备的度假小镇更集购物、休闲、餐饮、娱乐、文化等功能于一体，游客可以欣赏到大型梦幻情景传奇秀《天地长白》，可以到度假小镇K歌、泡吧、看电影，品尝东北风情美食，可以去泡一泡采自地下3000米的偏硅酸温泉，洗去一天的疲惫。

（三）度假元素构建：全季节、多业态

除世界顶级滑雪场外，度假区还建有高尔夫球会、六星级酒店群、度假小镇、萨满文化馆、长白山大剧院、雪域温泉等多种度假业态，通过借鉴欧美滑雪小镇的形式，充分体现了国际级旅游度假区的高端品质。

1. 高尔夫球会

长白山国际高尔夫球场位于长白山国际度假区南区，属于山地森林风格，球道嵌于长白山原始山林之中。由 3 个标准杆为 72 杆的球场（共 54 洞）、两个会所和两个练习场组成。夏季长白山国际度假区是高尔夫度假胜地，3 个 18 洞国际标准森林高尔夫球场分别由世界高尔夫殿堂级大师小罗伯特·琼斯与设计师金熊杰克·尼克劳斯设计。球场被长白山原始山林环抱，"百年孕育、自然天成"，尽显纯净呼吸之美。

2013 年 9 月，万达长白山高尔夫球会成功举办第 14 届全国高尔夫球总经理联谊会，初出茅庐便"艳惊四座"，期间万达长白山松谷球会正式宣布加入琼斯中国会 (Robert Trent Jones Jr. Club of China)，光荣地成为中国第八个"琼斯成员"。2014 年伊始，世界百佳球场评审委员会委员金云龙先生宣布正式加盟长白山国际度假区，这必将揭开万达长白山高尔夫球会的全新篇章。

2. 度假酒店

万达长白山国际度假区根据长白山特点量身定制了 9 座风格不同的度假酒店，区内共有各式房间 3000 余套、大中小型会议室、宴会厅、特色餐厅、泳池、健身房一应俱全。适合各种度假、会议、商务活动。从六星级柏悦酒店、威斯汀酒店到凯悦酒店、喜来登酒店、假日度假酒店、套房假日酒店、智选假日酒店、宜必思尚品酒店、汉拿山温泉度假会所，每一家都各具特点，精心为您带来长白山近在咫尺的原生态之美：茫茫林海、皑皑雪山、阳光普照。

六星级柏悦酒店是全球著名的凯悦酒店集团旗下顶级奢华品牌，是中国大陆地区开设的第一家柏悦度假酒店，酒店建筑面积 3.2 万平方米，共有客房 150 套。六星级威斯汀酒店是全球著名的喜达屋酒店集团旗下顶级品牌，位于酒店区制高点，并紧邻主雪道，拥有滑雪场高尔夫及人工湖等多方向绝佳景观，建筑面积 3.7 万平方米，共有客房 250 套。

五星级凯悦酒店紧邻柏悦酒店，建筑面积 5.5 万平方米，共有客房 300 套，拥有 1000 平方米的大型宴会厅及 9 个中小会议室，会议设施达到国际一流水平。五星级喜来登酒店毗邻滑雪场，四周环绕着壮丽迷人的山峦，让您尽享舒适与惬意，建筑面积约 4 万平方米，共有客房 300 套并设有 1300 平方米的大型宴会厅。

假日度假酒店是洲际酒店集团旗下著名品牌，靠近高尔夫球场，建筑面积 4 万平方米，共有客房 280 套，滑雪者可通过专有雪道直接滑入酒店大堂；套房假日酒店按照国际四星级酒店标准建设，位于商业街的核心区，正对着佛库伦湖，景观环境优越，建筑面积 2.5 万平方米，共有客房 258 套，可使游客获得居家生活的温馨体验。酒店整体为欧式木屋风格，在雪山与幽谷之间的写意建筑，拥有中国滑雪场最舒适的居住环境，为运动之后的度假者提供极佳的休憩场所。

3. 山地世界

万达国际旅游度假区在夏季将滑雪场改造为山地世界乐园，每年精心打造适合家庭度假的娱乐项目。山地世界由三个主题乐园组成：山地大本营、山顶观景台、度假农场，分别位于大山东边、大山之巅、大山西侧。三点间由将军索及帅索缆车联通。由征西栈道沿途而上，或乘坐"征西滑道"均可直达度假农场。三个主题乐园共有 20 多个娱乐项目，因季节时令，开放时间不尽相同，每年五一长假开始陆续开放，6 月初实现全部开放。山地大本营位于滑雪场入口处，拥有斗牛机、观光车、电子飞碟、逍遥椅、充气迷宫、观景缆车等娱乐项目，项目设计针对家庭群体，尤其是带小孩和老人的家庭，兼具安全性与娱乐性。山顶观景台适合情侣游客，冬天远眺雪海茫茫，夏日领略绿林观光，天气良好时可对望长白山，是合影留念的最佳去处。山顶餐厅位于山顶观景台旁，是游览后享受美食的去处，游客餐后可直接坐山地摩托车回到酒店。

随着度假区的经营发展，越来越多适合不同季节的休闲度假产品也逐渐出现。如度假农场适合长期生活在城市中，向往田园生活的游客；CS 野战园适合喜欢运动的游客；手工酿造作坊为喜欢安静的游客提供亲手做豆腐、做酱油的场所。

此外，还有观光马车、征西滑道、捕捞园、垂钓园、动物之家等多样的娱乐休闲项目，详见表5-1。

表5-1　2015年山地度假区世界娱乐项目一览

项目名称	项目介绍	开业时间
将军索缆车	1.运营周期：2015年5月1日至2015年10月31日 2.运营时间：9:00~17:30	2015/5/1
趣味自行车	1.运营周期：2015年5月1日至2015年10月31日 2.运营时间：8:30~17:30	2015/5/1
观光车	1.运营周期：2015年5月16日至2015年10月8日 2.运营时间：8:30~17:30	2015/5/16
山地自行车	1.运营周期：2015年5月16日至2015年10月8日 2.运营时间：8:30~17:30	2015/5/16
征西滑道	1.运营周期：2015年5月16日至2015年10月10日 2.运营时间：9:00~17:00	2015/5/16
山地摩托车	1.运营周期：2015年5月16日至2015年10月8日 2.运营时间：9:00~17:30	2015/5/16
雪圈乐园	1.运营周期：2015年7月1日至2015年10月8日 2.运营时间：8:30~17:30	2015/7/1

4. 度假小镇

度假小镇位于长白山国际度假区中心地段，由小镇滑雪服务中心、长白山大剧院、萨满文化馆、商业街、娱乐中心、汉拿山温泉会所、星级酒店及佛库伦湖等项目组成。度假小镇依山就势，街道蜿蜒曲折，集购物、休闲、餐饮、娱乐、文化等功能为一体，即使身处山水之间，也可享受都市生活，充分体现国际度假区的高端品质。

漫步至度假小镇，游客可以选择观看万达院线同步上映的精彩影片，还可以到大歌星、大玩家畅玩无限。品尝当地经典美食，或者购买长白山特色山货产品，都可选择到度假小镇，在几十家高品质商铺中选择所需。对于户外运动爱好者来说，滑雪、徒步等户外山地用品店一应俱全，不仅可以买到高性价比的户外产品，还可省去路途携带之苦。

5. 天地长白

长白山大剧院位于长白山国际度假区南区，总建筑面积 13740 平方米，拥有 596 个池座（标准剧院椅，带独立小桌板）、4 个残疾人座椅、50 座包厢沙发座，在舒适惬意的环境下呈现《天地长白》的精彩演出。

大型梦幻情景秀《天地长白》故事以采参人与人参仙女之间的爱情为主线，进一步深挖了长白山文化的丰富内涵，开创性地将人参文化、森林文化、冰雪文化、神话文化、民俗文化、萨满文化、东北虎文化、杜鹃花文化等融入其中，长白文化气息浓郁。其总投资近 3 亿元，世界级的舞台调度方案，宫殿般的奢华舞美，多类艺术跨界合作，打造全新度假视听盛宴。

《天地长白》运用升、降、摇、移、推、拉、转等各种手段，将舞台机械的运行发挥到极致，带来多重空间的表演震撼。全国首创双层超大荧幕立体呈现，舞台人物穿梭在双层投影营造的视觉梦幻中，将视频与表演高度结合、融为一体，

图 5-4　《天长地白》演出

图 5-5　长白山国际度假区内温泉度假主题会所

观众在感受强大视觉冲击效果的同时也被赋予梦幻般的感受。

《天地长白》由荷塘悦色超强导演团队执导，国务院政府津贴获得者、国家一级演员、全国人大代表、文化部优秀专家、吉林省政协常委、吉林省首批拔尖人才、吉林省三八红旗手、吉林省爱心慈善形象大使、吉林省文联副主席、吉林省劳动模范、全国文化系统先进个人、吉林省资深高级专家刘春梅女士担任艺术总监。声、光、效、景、服的精彩结合，奇幻地展示了长白山文化的丰厚与奇特。

6. 温泉会所

汉拿山温泉度假会所经营面积约 15000 平方米，是万达长白山国际度假区内唯一一家温泉度假主题会所，于 2012 年 11 月 30 日盛大开业。设有温泉沐浴、雪乡酒楼、星级客房、养生保健、VIP 贵宾楼等，提供一站式休闲度假生活。

汉拿山温泉会所在突出长白山原生特色的同时，将浓郁的新古典主义的气质融合其中，进入大堂便有古罗马帝国浴场的强烈气场。长白温泉的药用特色明显，按此特点，汉拿山开发了高丽参浴、不老草浴等十余种极富长白山特色的功能温泉，室内温泉温馨惬意，冉冉飘逸的温泉雾气与原木装饰晕染出极度放松的状态，让人一刻便享尽世间的轻松。会所男宾营业面积 2000 平方米，位于会所大堂右侧，共有更衣箱 406 个，可满足 400 余人循环洗浴；女宾营业面积 1100 平方米，位于会所大堂左侧，共有更衣箱 342 个，可满足 300 余人循环洗浴。

（四）首创"度假助理"服务模式

中外旅游度假区发展经验证明：既看景观，也看文化；既看接待条件，也看服务质量。做细服务、做优品质才能拥有持久的竞争力。万达国际旅游度假区借鉴地中海俱乐部（ClubMed）度假顾问的服务思路，首创了度假助理模式，以提升管理服务水平。度假助理也将成为中国旅游行业的一个新兴职业，影响中国度假产业的未来走向。

长白山国际度假区每年从全国众多院校精心挑选优秀毕业生，经过近乎苛刻的技能、礼仪、业务培训后，打造出度假助理这一中国度假产业首创品牌。度假助理是集滑雪服务、高尔夫服务与营销服务等多种技能于一身的高级度假师，从客人订场开始跟踪服务，提供接机、安排酒店入住、预订打球或滑雪、送回酒店、餐饮安排等全程式陪同服务，度假助理不仅让客人舒心，还能感受到长白山的服务品质。

度假助理拥有"权威技术，服务心态"。以打高尔夫为例，他们以服务心态，通过权威技术，协助客人打好每一杆、每一洞、每一场球；球童往往因自身击球水平有限，而无法提供权威参考意见，所以即使服务再好，也不一定赢得客人的赞同。对于滑雪来讲，客人滑雪追求的是娱乐，而非竞技。而度假助理服务可以根据度假客人的需求特点，以专业技能（权威技术），在保证客人安全的前提下，让客人舒适地完成度假娱乐体验。此外，度假助理站在客人角度，为其提供权威参谋意见，增加客人体验值，使客人心情愉快，这样客人将选择再次体验。

度假区内含 9 家国际品牌酒店，从准四星级至白金五星级共有 3000 余套客房，加之度假别墅与公寓，在旺季时有多达万人同时度假。同时，区内业态丰富多样，可以欣赏大型梦幻情景传奇秀《天地长白秀》，到度假小镇 K 歌、泡吧、看电影，品尝东北风情美食，泡采自地下 2700 米的雪地温泉。此时，专业的度假助理团队将帮助游客解决一切度假问题。

第六章　社区参与，景社融合

　　造物主给予的这独一无二的资源与人们的合理利用共同谱写了长白山的神奇。长白山管委会的成立，引领长白山政府与民众共同参与社区管理，促进区域的可持续发展。在政府的引导和企业的帮助下，民众积极参与长白山的景区管理、资源保护与旅游发展和建设工作，人们的就业率、生活水平、生活质量以及旅游业的发展都有了较大的提升。在政府主导、企业扶持、居民参与，景区与社区合作、景区与社区分工以及村民自主参与的社区参与模式中，长白山的区域发展形成了环境保护与区域发展的双赢局面，构建了天堂脚下的和谐社区。

图 6-1　白山天池

第一节　社区共参与，发展可持续

可持续发展是在满足当代人利益的同时，保护未来发展的机会以及让所有当代人共享发展的机会。社区参与旅游建设，可以增强当地居民参与旅游发展及保护环境的意识，增加当地居民就业，带动地方经济发展，是促进旅游可持续发展的重要保障。长白山管委会在旅游建设中，把带动周边经济繁荣作为其重要目标，通过一系列举措促进社区参与旅游发展。

一、社区参与——旅游发展新航标

社区参与是旅游业可持续发展的必要途径。社区参与的概念最早由墨菲 (P.E.Murphy) 在其《旅游：社区方法》中提出 (P.E.Murphy，1985)。1997 年 6 月，世界旅游组织、世界旅游理事会与地球理事会联合颁布了《关于旅游业的 21 世

图 6-2　长白山社区建设（1）

纪议程》，明确提出可持续发展的旅游业必须把居民作为关怀对象，保证居民参与旅游开发决策，共享旅游发展红利，将居民参与当作旅游发展过程中的一项重要内容和环节（张广瑞，1988）。

社区参与旅游发展具有阶段性特征，可将其划分为个别参与、组织参与、大众参与和全面参与四个阶段，并呈现近"S"形发展曲线。在旅游规划、旅游地环境保护、旅游地社区文化维护这三个方面加强社区参与是未来发展方向（胡志毅，2002）。社区参与也是生态旅游保护性开发的重要方面。我国大多数自然保护区隶属国家林业部门、建设部门，由地方政府管辖，与当地社区融合度不高，社区参与情况令人堪忧。

二、社区合作——全域景区化发展

2006 年成立的长白山管委会辖区常住人口 15.1 万，户籍人口 10.5 万，由汉族以及朝鲜族、满族、回族、女真族等少数民族组成。长白山管委会下设池西、池北、池南三个县级旅游经济区，具有相当于县级政府的行政管理职能和权限。管委会范围内根据三个经济区又划分出若干社区，其中，池北区下辖白山社区、美人松社区、白河社区、十八坊社区、翠湖社区、银河社区等；池西区下辖丽景社区、林海社区、丁香社区、白桦社区等；池南区下辖漫江社区、锦江社区等。池北区二道白河镇纳入全省首批 22 个特色城镇化示范镇序列，成为全国新型城镇化试点。

紧紧围绕"建设世界名山，打造文化名城，繁荣带动周边，服务全省发展"总体目标，长白山发展中确立了"以生态保护为根本前提，以旅游产业为龙头引领，文化和特色生态资源产业为两翼支撑，矿泉水产业为引擎推动"的产业发展新思路，并将大力推进生态崛起、绿色富民作为 2015 年工作主要目标之一。长白山管委会主任谢忠岩指出，长白山未来产业的发展应把握好四大关系：一是要

图6-3　长白山社区建设（2）

把握好产业发展与生态保护之间的关系；二是要把握好产业发展与城镇化建设之间的关系，推动产业与城市的相互支撑；三是要把握好产业发展与区域合作之间的关系；四是要把握好产业发展与全民创业之间的关系，做到两相促进，共同发展。抚松县旅游局副局长提出，长白山旅游业发展应进一步深化区域合作，走出一条"旅游城镇化，城镇景区化"的道路，将旅游城镇化建设作为旅游六要素的服务着力点和最大吸引物，实现"山上、山下、区内、区外全域景区化"。

图6-4　长白山社区建设（3）

　　长白山保护开发区管委会在发展过程中，立足繁荣周边的目标，努力突破以往的社区参与模式，构建全新与完善的社区参与新方式。依托长白山得天独厚的品牌和资源优势，着力优化发展环境，加强创业引导，大力发展民营经济，扶持林家乐、家庭旅馆等各类特色经营业态和小微企业，通过各种方式促进就业创业，增加城乡居民收入，使全体人民更全面、深刻、持久地分享到特色城镇化建设、"四大产业"培育壮大所带来的发展红利，融入长白山科学发展的国际化进程中来，努力形成干部创事业、百姓创家业、全民创大业的繁荣局面。

图6-5　长白山社区建设（4）

第二节　多样社区参与，促进合作分工

　　旅游发展涉及政府、景区、企业、居民等多个利益相关者，且面临着保护与开发兼顾的难题，如何在其中协调好各利益主体的关系是关系到景区能否可持续发展的重大问题。在当代中国的社会经济环境下，政府的正确引导又是关键。长白山景区在管委会的积极作为下构建了"政府＋企业＋社区"的合作模式，促进了当地居民参与，带动了当地经济发展。

一、政企民共建，社区大转变

（一）政府搭台，鼓励参与

　　在长白山的发展过程中，管委会的成立成为其发展的里程碑。社区居民参与旅游发展的各个环节需要一定的资金支持，包括咨询费、活动经费、教育培训费等。资金的多少必然会影响到居民参与的范围、程度和效果，政府的政策扶持与积极引导成为了推动政民合作的巨大动力。《民间 50 条优惠政策》以及各类工商、税收、创业、贷款等优惠措施的推动下，村民有了更多的发展空间与就业机会，更多地主动参与到社区的建设与旅游发展中。在旅游相关行业发展、环境保护、居民就业和创业等众多方面，政府的引导和扶持都发挥了巨大的作用。

1. 引导社区发展旅游项目

　　《长白山旅游发展总体规划（修编 2011~2020）》中对社区发展可持续进行合理规划，并明确将建设绿色社区，鼓励社区参与旅游纳入其发展目标。社区居民参与旅游活动是真实展现地方特色、传承地方文化的最佳方式。政府采取"请进来"与"走出去"相结合的方式，一方面，引进国内外先进旅游开发与管理经验，邀请知名学者对当地居民的旅游项目开发与建设进行教育和培训，鼓励居民进行多样性的旅游产品开发，参与旅游项目的设计，从事林家乐、休闲农庄等社区主导的旅游经营活动；另一方面，举办大型展会等活动，推动地方旅游项目与外界的沟通、交流和学习，对外宣传推广当地特色林家乐、民俗村、旅游资源、旅游特产。在政府的扶持引导下，居民参与旅游相关行业的建设，利用自家房屋改造建设家庭旅馆、开设特色旅游餐饮店、特产店、发展林家乐旅游等成为长白山社区居民参与旅游发展的独特亮点。

（1）林家乐。长白山得天独厚的资源使其"林下经济"发达，人参、灵芝、松子、蓝莓等种植是地方一大特色。传统的长白山产业发展模式局限于特产的种植、采摘与加工，随着旅游业在长白山的发展，在政府的扶持与引导下，新型"林家乐"旅游业态在长白山景区内兴起，成为地方产业链延伸与旅游发展的新航标。

地处长白山原始森林深处的长白山瑞仙双莓休闲度假景区位于长白山 S208 环山线 4 公里处，距离长白山北景区 30 公里，是长白山旅游的重要组成部分，国家 4A 级景区。瑞仙双莓休闲度假景区原为当地居民承包的大型农产品种植基地，主要从事西洋参、林下参、灵芝、红豆杉、黑木耳、蓝莓等的种植与加工。独特的地理位置优势和长白山旅游业的蓬勃发展令景区经营者感受到了体验经济及旅游新业态发展将给农场带来的新发展与机遇。转变农场单一的发展模式，结合长白山地区旅游业发展的优势，发展林家乐体验采摘旅游成为农场的转型新方式。在初期景区建设的过程中，农场经营者缺乏相关旅游景区建设开发的经验，长白山管委会旅游局对其景区发展进行了规划和引导，促进了景区的建设。

瑞仙双莓休闲度假景区面积 88.97 公顷，环境清新自然，犹如世外桃源。景区内现已开发了生态观光、人参采挖、浆果采摘、森林穿越、野外露营、徒步健身、休闲垂钓、康体游乐、绿色农庄、特色美食、篝火歌舞等旅游项目。有大小景点景观 40 多个，集自然观光、生态农业、科普、垂钓、养生、拓展、康体健身于一体，游客可在景区内参与采摘活动，并将采摘收获的浆果进行加工后带回家。新型林家乐的旅游业态发展拓展了原有林场的经营范围，延伸其产业链，形成了可持续发展的新模式。

（2）家庭旅馆。长白山保护开发区拥有星级酒店 15 家，其中五星级酒店 1 家、四星级酒店 4 家、三星级酒店 8 家、二星级酒店 2 家。拥有各类家庭旅馆总计 347 家，房间 8214 间、床位 16428 张。长白山保护开发区的酒店住宿业发展中，家庭旅馆所占数量和比例较大，成为酒店住宿行业的主力军。

长白山旅游发展的良好势头让当地居民感受到了参与旅游相关项目的发展带来的美好前景。在政府的扶持和引导下，一家家由当地居民建设的家庭旅馆如雨后春笋般在长白山保护开发区出现。居民利用自家楼房进行装修改造形成家庭旅馆。长白山管委会为规范行业发展和提升家庭旅馆服务水平、质量，定期开展讲座等活动，对业主进行经营管理与专业服务的培训，引导家庭旅馆在长白山有序和繁荣发展。

（3）旅游餐饮。随着旅游业的不断发展，长白山保护开发区各类餐馆不断兴起，现共有大小餐馆 431 家，满足游客和当地居民的饮食需求。在长白山保护开发区的餐馆中，由当地居民个人经营的餐馆所占比例较大。旅游业的发展让居民感受到了旅游这一朝阳产业所带来的阳光，政府的鼓励和扶持以及行业的教育和培训更是让居民很快地投入到旅游相关行业的发展中。居民开设餐馆，为游客提供具有东北特色的美味佳肴，既为游客们的旅游提供了难忘的餐饮体验，又是解决当地就业、繁荣地方经济的好途径。

（4）旅游特产。漫步在长白山保护开发区二道白河镇的大街小巷，沿路遍布着各类特产店。当地丰富的山上资源给当地带来了人参、蓝莓、松籽等各式各样的特产。当地特产店的经营大多采取"前店后厂"的模式，当地居民们自家承包种植的各类产品，经过加工处理后在店铺内向游客销售。在旅游业的发展及政府政策的引导和扶持下，当地居民改变了传统的采山货方式，延伸其产业链。旅游购物特产的兴起也为当地居民和当地经济收入做出了巨大的贡献，成为当地旅游业发展的重要组成部分。

2. 引导社区参与环境保护

四月的长白山依然银装素裹，冬天不愿离去，可是春天并不曾放慢脚步地到来。如果将春天看成是一辆守时的班车，那么成群迁徙的水禽就是搭乘这辆班车的首批乘客，其中就包括中华秋沙鸭。黑绿色的金属光泽头冠，深色、浅灰色与白色相间的外衣，是鸭非鸭，是鱼鹰非鱼鹰，在长白山这片神圣的土地上描绘着生机与活力。

"嘘，小声点，秋沙鸭正在休息，太吵会影响它们的"，居民们摆着手势向游客们轻轻地道来。这温馨感人的一幕与安静的湖畔边秋沙鸭的倒影共同深深地刻在了每个人的脑海中。

"国之瑰宝秋沙鸭，清雅盛名扬天下。羽绒娇美舞锦衣，王者风范艳如花。"中华秋沙鸭为国家一级保护动物、全球目前仅存不足一千只，是比大熊猫还珍贵的鸟类。长白山是国内仅有的两个中华秋沙鸭的繁殖地之一，居民们爱护着珍贵的鸟类和这片土地如同爱护自己的孩子。

图 6-6 抢护中华秋沙鸭

长白山作为自然保护区，其自然环境与资源的保护成为地方发展的重点。为提高社区生态保护和环境教育的意识，长白山管委会成立后，政府加大对保护区的管理与保护，同时，通过各种有效措施鼓励当地村民积极参与到长白山生态环境和资源保护的共同管理中。

为鼓励村民共同参与社区保护，长白山管委会积极引导，通过开展绿色宣传讲座、培训，消防演练、学校宣传等多种形式的活动，引导村民树立保护观念。长白山自然保护中心联合长白山公安局森保支队、武警森林部队共同开展保护红松种源宣传活动。各部门组成宣传车队沿池北大街、美人松大街等主要街道巡回播放红松种源保护知识，并深入到集市、店铺等人员密集区域及池北区周边的村屯、林场，在主要路口、街口悬挂宣传标语，向群众散发传单，加大保护红松种源的宣传力度。同时，为切实推进绿色社区创建工作，进一步提高"创建绿色社区"人员的整体素质，池北区环保局通过开办"创建绿色社区"培训班，举办"绿色大讲堂"农村环保教育讲座活动，大大增强了居民的环境法制观念和绿色生活理念。

在长白山管委会的大力宣传与引导下，村民们的社区归属感与环境保护意识得到有效提高，逐渐形成村民们自觉的环境保护意识，共同保护其赖以生存的社区和家园。

在管委会成立初期，居民环境保护意识和社区归属感缺乏，路边的草坪灯以及各类基础设施遭到居民的破坏。长白山管委会提出了"居民素质提升工程"计划，社区通过举办各类座谈会、社区活动、社区宣传的方式对居民进行教育和引导。社区宣传中鼓励年长的、具有社区威望的居民代表深入居民当中，对居民进行宣传和引导，居民的素质和环保意识以及社区归属感逐渐有了提升。如今，不仅长白山的基础设施和环境得到居民的共同维护，而且社区内居民的"主人翁"意识得到培养，社区关系更加和谐融洽。

3. 扶持旅游就业与创业

长白山森林资源丰富，"靠山吃山"曾经是长白山村民的主要生存模式。如今，人们的生活与当地的产业发展产生了巨大的改变，在发展传统产业的基础上，政府鼓励和引导当地发挥长白山的资源特色与旅游优势，实现经济与产业发展的成功转型。政府的政策扶持与引导为当地经济发展及村民参与搭建了广阔的舞台，村民积极参与，共同实现社区发展。

为推动居民共同参与社区建设，实现产业升级与提升人民生活水平，长白山管委会在村民的就业方面也进行了大力度的扶持和引导。一方面，鼓励并通过培训等方式创造更多的机会带动社区居民参与到旅游发展经营中，从事餐饮业、住宿业、娱乐业、商业、农业、手工业等，提高居民收入水平。另一方面，采取一定措施鼓励部分居民从事原有的生产、生活等，维系社区生活的生产氛围与群落景观形态，作为社区旅游发展与其他居民参与的良性背景。为使更多劳动者享受就业政策，2013年长白山管委会人社局大力开展就业援助工作。一是以"就业帮扶、真情相助"为主题，组织开展了"就业援助送书"活动，依托基层"农家书屋"就业服务平台，为辖区内就业困难人员、农民工、企业职工等群体发放《百事生活百事点》、《意林》等图书杂志，活动期间共发放图书2000余本。二是利用"春风行动"活动，组织各区深入辖区为广大群众"送政策、送岗位、送技能、送服务"，发放宣传手册、就业培训宣传单、就业岗位信息、创业项目汇编等各类宣传单3000多份，提供就业岗位160余个，提供政策咨询200余次。针对社区内退役军人、残疾人等特殊就业群体，长白山管委会举办退役军人专场招聘，加强残疾人就业基地建设，大力开展残疾人职业技能培训，拓展残疾人就业面，并加大公益性岗位开发力度，开设保洁员、劳动关系协调员、公共设施维护员等残疾人公益性岗位促进其就业。

在长白山管委会大楼内，村民王某带着满腔热情与基本的申请材料，如愿地成为家庭旅馆个体户中的一名，实现了自己多年来当老板的愿望。政府大力度的政策扶持，让每个怀揣梦想的村民都有了更加广阔的舞台参与地区发展与建设。为鼓励居民自主创业以及参与旅游经营活动，居民申请开办个体户等民营企业可享受免费的优惠政策。在税务方面，长白山地区采用核定税额政策，2014 年 10 月，政府提高将核定税额提升至 3 万元，年营业收入低于 3 万元的个体或民营企业可享受税收减免政策，超额部分按照一定的税务比率进行纳税，并开设"连心解忧小课堂"对村民和企业进行纳税知识的培训。同时，在管委会工商局楼层内，您可以看到小额担保与青年创业扶持项目的窗口挤满了咨询的人们。为扶持当地居民创业与发展，政府为当地村民提供了小额担保贷款，更是出台了一系列青年大学生创业扶持保障，鼓励青年大学生回家乡服务。长白山管委会人力资源和社会保障局从解决实际问题入手，搭建辖区创业平台，举办创业项目推介会，为就业困难人员提供创业机会。长白山保护开发区的"万名创业者万名小老板"培训班更是特邀具有教学资质和丰富教学经验的创业指导师对居民进行培训，为其讲授关于创业的相关优惠政策、产业政策、创业意识、案例分析以及企业管理等知识。

同时，长白山保护开发区管委会的成立与发展也为当地提供了大量的就业岗位。长白山景区内保洁员、公共设施维护员、司机等均为当地村民。司机林某自长白山管委会建立以来就在景区内从事司机工作，他的母亲和妻子也都是长白山景区的工作人员，景区的发展给他带来了满满的自豪感。由于长白山景区的旅游淡旺季明显，在旅游旺季，林某到景区从事司机工作，旅游淡季，林某则和家人共同经营传统的采摘工作，景区的发展不仅为他们提供了就业保障，更提高了他们的生活质量。

2015 年，长白山保护开发区全年新增就业 2100 人，零就业家庭保持动态为零。2013 年，长白山保护开发区地区生产总值实现 28.1 亿元，是 2006 年的 4.2 倍。地方级财政收入完成 2.9 亿元，是 2006 年的 21.9 倍。2014 年，全年地区生产总值实现 30 亿元，同比增长 8%，2015 年，长白山保护开发区地区生产总值实现 31.4 亿元，比上年增长 8% 全区旅游总人数突破 313 万人次，比上年增长 13%，全年旅游总收入 29.76 亿元，增长 16%。在政府的引导下，居民的就业率得到显著提升，地方旅游业与其他产业快速发展，形成了完善的产业链与积极向上的发展态势。

（二）企业扶持，互利共赢

为促进长白山社会与经济的可持续发展，长白山管委会出台一系列招商引资优惠政策。万达集团、各类五星级酒店等旅游项目纷纷落户长白山，为长白山的发展带来了新的发展机遇。2015年，长白山保护开发区依托"长白山十八坊"等特色产业园区，吸引400余家企业签约入驻，成功引进广州恒大、深圳海王两个投资超百亿元的矿泉水项目。同时，继续开展"项目建设年"、"城市管理提升年"活动，全年实施3000万元以上项目66个，完成投资36.6亿元，招商引资合同金额实现347亿元，实际到位资金35.2亿元。政府引导企业发展，企业为当地村民提供大量的就业机会与发展机遇，由此形成了互利共赢的局面。

长白山管委会的成立，下设保护中心、科学院等15个事业单位与长白山开发建设集团、长白山旅游股份有限公司、长白山生态保护教育中心三个企业单位。长白山开发建设(集团)有限责任公司是2005年6月经吉林省委省政府批准成立的大中型企业，注册资本33000万元，经营范围主要包括旅游开发、项目投资、

图6-7　长白山十八坊产业园

信息服务、装饰、广告、土特产品开发、技术转让，进出口贸易等业务。长白山生态教育保护中心位于长白山北景区门前 200 米处，是一家集住宿、餐饮、娱乐、商务等服务于一体的五星级现代化休闲度假酒店。长白山旅游股份注册资本 2 亿元，拥有员工 500 余人。在政府的扶持下，旅游企业得以快速发展，并吸纳大量的民众就业，为地方建设与民众参与旅游发展做出巨大贡献。

池北区在解决群众关心、关注的问题上，不拘泥于表象问题，他们通过对驻区企业的扶持与服务，为企业健康发展提供外动力，从而使企业员工从企业的发展中得到实实在在的实惠。申远公司原来是林业局下属的一家靠林吃饭的运输企业，该企业进行股份制改造后，不仅成功建设了"峡谷浮石林、冰水泉"旅游景点和"长白山休闲山庄"，在长白山山门前 100 米、休闲山庄东侧，开发建设了占地面积 1200 平方米，建筑面积 2600 平方米温泉休闲山庄。这个项目的开发建设，标志着申远公司走上了一条依托资源优势、立体开发、多业并举的发展之路，加快推进了旅游产业化和标准化的建设，在向非林非木产业效益上迈出了一大步。

在政府的引导下，企业落户长白山，为村民提供就业与经济扶持，使村民更多地参与到与旅游业相关的餐饮、交通、住宿等行业的工作当中，共享旅游发展带来的机会与福利。

二、景区社区谋合作，宝马古城显雄风

宝马古城（即渤海国兴州城）位于二道白河镇西北 4 公里处，四周是绵亘起伏的丘陵地带。城南地势逐低，宝马河在城南 500 多米处由西向东注入二道白河。此城平面呈长方形，东墙长 126 米、西墙长 132 米，南墙长 103 米，北墙长 104 米，周长 465 米，方向 190 度。城垣、城基以石块垒砌，上部土夯。北墙保持较好，宽 4 米，高 1.2 米。

宝马古城是渤海时期所建，辽金沿用的本地区政治、军事、经济、文化的中心，从城内遗物来看，该城系渤海时期所建，后为辽金所沿用，是古代兵家必争之地，是一个很有研究价值的古城。民间还流传着刘仁轨将军与宝马古城的传说，2007年5月31日，被吉林省政府确认为省级文物保护单位，类型为古遗址。

在政府的扶持下，长和实业投资120亿元打造了宝马文化村项目。此项目将结合长白山历史文化及丰富资源，在长白山复建"兴国灵应王庙"，以保护挖掘兴国灵应王庙遗址，恢复重建宝马古城及神坛广场为核心，以长白山历史文化为根基，打造一座新型的养生度假小镇。

宝马文化村项目的建设从初期规划到划地征地体现了社区参与的过程。项目前期规划阶段，政府听取社区居民对文化村建设的建议，共同描绘文化村未来发

图6-8　长白山宝马古城规划

展蓝图，得到了民众的大力支持。宝马文化村建成后，将由居民参与景区的管理与共建，实现景区与社区的共同发展。

三、景区社区求分工，观光休闲互促进

长白山保护开发区规划范围总面积为 13478.78 平方公里。由外到内包括三个层次，分别是规划指导区、规划管理区和自然保护区。

规划指导区是为实现长白山的生态环境保护需要进行规划指导的区域。规划指导区包括自然保护区 196465 公顷，和龙林业局面积 170489 公顷，白河林业局面积 190470 公顷，露水河林业局面积 121295 公顷，泉阳林业局面积 106287 公顷，松江河林业局面积 158568 公顷，临江林业局面积 171549 公顷，长白县林业局面积 140699 公顷，长白森林经营局面积 92056 公顷。总面积约 13478.78 平方公里，实施协调管理。规划指导区划定的目的就是为了有效保护长白山的生态环境，因此，在规划指导区内的人类活动，要与保护长白山的生态环境目标相一致，从而实现长白山区域生态环境的良性发展。

长白山保护开发区内自然资源宝贵，保护为其区域发展第一要义。为保护长白山资源，长白山保护开发区内已基本形成山上观光、山下休闲的承接互动形式，并将区域划分为核心景区、控制管理区、旅游度假功能片区、城镇功能片区、乡村等功能区域。

长白山保护开发区的发展采取景区与社区相分工的方式，景区内实行严格的保护制度，禁止一切商业活动，景区外的社区则负责游客的住宿、餐饮、游览、娱乐的接待服务。景区和社区的合理分工模式使景区的保护管理更为规范，并为景区的旅游发展提供了基础和保障。

四、居民主动参与，志愿服务社区

随着长白山管委会的建立与长白山旅游业的快速发展，创建"共建共享，相守相助"的社会文明得到落实，"人人都是长白山当家人、代言人"的全民共识不断深入，居民的社区参与模式发生了改变。一方面，旅游发展给社区居民们生活和经济状况带来改变，使人们的经济地位得到提高，人们参与旅游发展的能力和机会也随之提升，人们更加主动地关心长白山旅游发展和未来规划等长远问题，也会进行旅游投资等活动。另一方面，当地村民受益于基础设施的建设与生态旅游的发展，也逐渐意识到周边的旅游资源和环境的重要价值，便能更加自觉地加入到直接或间接的保护生态环境资源的行列中。村民的社区参与活动由原来的被动参与向主动参与转变，村民们参与社区共建的规模也由原来的个别参与、组织参与向大众参与和全面参与转变。

大量长白山林业工人们转业，改变原有工作方式，积极主动投入长白山景区的其他建设工作中，以新的方式为社区发展贡献力量。个体经营的各类餐馆、家庭旅馆、林家乐、纪念品商店也纷纷落户长白山。在政府的引导下，村民们主动地参与到社区的发展中，借助各类优惠政策，发展私营经济，促进了当地产业的有效转型和升级。村里的年轻人也不再像从前那样往外跑了，各大企业的落户为他们提供了更加广阔的就业平台。村民们逐渐在社区参与中寻找到归属感与自豪感，主动参与到社区的旅游规划、旅游建设以及基础设施建设的决策当中，形成了居民主动参与社区发展的良好局面。

由退休老干部们组成的志愿者"义务巡逻队"成为了长白山社区旅游发展和环境保护的"守护兵"。这支巡逻队在长白山的基础设施建设和动植物保护、环境保护、社区安全管理中发挥着重要作用。志愿者们每天自发地外出对社区进行巡逻，为社区的发展自愿地贡献一份力量。

第三节　长白挥笔绘神奇，未来发展新展望

　　社区参与长白山旅游发展带动了地方社会、经济、文化的可持续发展，有利于保持原住民与自然资源的共生发展，发挥村民的主人翁作用，使其融入当地的旅游事业和旅游保护活动，共同分享旅游发展带来的福利。长白山村民参与旅游发展，自然与人文的和谐发展构成了完整的、保持良好状态的生态系统，促使生态旅游得以可持续发展。同时，社区参与活动更有利于长白山地区的民族团结和社会稳定。

　　随着长白山保护开发区旅游的快速发展，当地居民的参与意识不断提升，但其社区参与模式仍存在一定的局限性。一方面，在长白山的社区参与活动中，政府占主要地位，居民们主动参与旅游活动的意识仍有待提高。另一方面，社区参与的范围仍比较窄，居民在参与旅游决策、旅游监督和管理方面较少体现，居民参与社区管理中所体现的民主意识仍较弱，社区居民参与旅游发展的水平和层次有待提升。长白山旅游的可持续发展依赖于社区居民的共同参与，在未来的发展中，应当在以下几方面继续努力。

一、旅游景区与社区融合

　　在长白山旅游发展过程中，应努力朝着旅游景区和社区相融合的目标前进。一方面，应形成广泛而开放的民主制度，提高居民的社区参与意识，赋予居民更

多的社区参与权利。通过举办民主听证会、民生论坛，选举居民代表等形式，鼓励居民参与旅游发展、规划、管理等相关决策。另一方面，对居民的旅游参与活动进行培训和引导，鼓励居民通过参与旅游经营活动参与地区发展建设。居民积极参与旅游经营活动不仅有利于解决当地就业、提高生活水平、共享旅游发展红利，更是保护自然环境、传承地方文化的可持续发展模式。长白山未来的发展应更多地从社区整体利益出发，通过旅游景区和社区相融合模式的构建，实现旅游发展的新一轮跨越。

二、开展社区居民旅游就业教育与培训

长白山保护开发区周边社区居民参与旅游经营活动的意识逐渐提升，但受教育程度以及对旅游业认知的限制，其参与旅游经营活动的水平仍比较低，停留在初级水平。池北区、池西区、池南区由居民开设的各类家庭旅馆和餐馆不断兴起，但其家庭旅馆和餐馆存在形式单一、雷同、缺乏地方特色的共同特征，且经营水平与管理水平落后。

为促进社区居民更好地参与旅游活动，实现就业与创业，长白山管委会定期开设"职业技能培训"、"万名创业者 万名小老板"等就业、创业培训活动。未来长白山管委会应当立足旅游发展，聘请专家、学者对村民的旅游经营活动进行指导，传授居民旅游专业技能，鼓励更多形式新颖、管理完善、能体现地方文化特色的家庭旅馆、林家乐、旅游娱乐等项目得到发展，提升当地居民的旅游经营与旅游服务能力。

三、建立合理的利益共享机制

维持自然保护区的生态效益是自然保护区发展的重中之重。由于自然保护区要求周边社区居民更多地承担生态环境保护的责任，地方在经济发展上受到诸多限制。长期以来，自然保护区与周边社区之间关系紧张，矛盾大，形成了"要保护就不能走发展，要发展就不能走保护"的极端现象（罗辉，2010）。自然保护区管理局主要侧重于对生态环境的保护，而周边社区居民则主要侧重于其经济利益的保证。保证周边社区居民的正常经济利益需求，为其提供更好的发展空间，是实现保护区长远发展的目标。旅游能给社区创造更多的商业收益、机会和政府税收，发展旅游业是实现生态与经济双赢、促进社区和谐发展的方式。合理的利益分配机制是调动居民参与旅游发展积极性，鼓励社区参与旅游发展的重要方式。在发展旅游业的同时，为居民提供优先的就业和商业机会、增加居民收入等将是推动社区参与可持续发展的重要方式。

长白山保护开发区在未来旅游发展中，应平衡自然保护与经济发展的关系，建立合理的利益分配机制，让居民共同分享社区旅游发展红利，鼓励居民参与社区发展与社区保护。

四、注重旅游业可持续发展

长白山自然保护区的旅游合理保护与开发是其发展的重点。长白山自然保护区在实践中摸索了一套社区参与景区管理的办法：设立专门机构和利用社区组织对居民进行管理；建立多渠道社区居民就业和参与管理方式；组建股份制旅游经营公司；建立公平的利益分配机制等，这些经验具有实践上的创新和理论上的突破，具有典型性（任啸，2005）。

未来长白山旅游发展应探索一条合适的可持续发展之路，通过合理模式鼓励社区居民积极参与，完善旅游产业链，实现旅游发展与社会、经济、文化共同发展的格局。

第七章　结语

　　长白山保护开发区管委会的成立，虽然为理顺长白山管理体制迈出了重要的一步，开创了独特的长白山地区管理、开发、保护及社区参与的模式，使长白山地区的相关产业在短短的十年之内取得了巨大的发展。然而，作为一种"强制性制度变迁"，由于许多体制性矛盾没有从根本上消除，各种制约管委会职能发挥、阻碍长白山保护开发区持续健康发展的因素也仍然存在。针对长白山管委会发展道路上存在的争议，积极采取相关措施，长白山地区的保护与开发更能取得长久、健康的发展。

第一节 长白山模式

长白山保护开发区管理委员会的成立，可谓是我国自然保护区管理体制上的一大创举，形成了其独特的模式。

在管理方面，赋予管理委员会厅级建制的行政级别，相当于准政府的行政地位，坚持委托管理与统一管理相结合，政、事、企分开的原则，展开对长白山保护开发区内经济、社会、行政领域的全面管理。

在开发方面，通过成立长白山开发建设集团与股份公司来实现对长白山旅游的开发、经营和管理，走政府主导、企业化运作的开发模式。针对长白山的具体开发情况，在坚持"保护第一"的原则下，以国际旅游度假目的地打造为目标，选择以自然保护区为核心的旅游目的地的发展空间结构模式，实现"山上观光、山下休闲，景区、城区、周边一体化"；并且，通过"1238"的空间与功能布局，走出了一条旅游城镇化、城镇景区化、景区国际化的发展道路。

在保护方面，实现对长白山的统一保护，与国际组织合作，引入先进保护技术与理念，"武装"一线保护工人，加强基层保护站建设。根据保护需要，对保护区进行区域划分，分重点区域和非重点区域，采取不同程度的重点巡护措施。

在社区参与方面，长白山保护开发区的成立引领社区居民更多地参与到旅游发展与旅游保护中，逐渐形成"政府主导、企业扶持、居民参与"的局面，并带动了"景区与社区相合作"、"景区与社区互分工"以及"居民主动参与旅游发展、环境保护"模式的形成。长白山保护开发区社区参与模式的建立与探索为其旅游业的可持续发展以及和谐社区建设开辟了新的道路。

第二节　管委会体制发展道路上的困惑与对策

长白山管委会成立至今，管理区域的旅游产业实现了跨越式发展，各种经济数据引人瞩目。截止到 2015 年 8 月末，全区接待旅游人数 225 万人次，同比增长 12.9%；旅游收入实现 21.65 亿元，同比增长 16%；景区接待旅游人数 165.2 万人次，同比增长 8.2%，实现旅游收入 4.23 亿元，同比增长 8.5%。

在管委会的管理推动下，创新举办系列活动，推出淡季旅游优惠政策和配套措施，使长白山旅游品牌得到推广，长白山旅游知名度不断提升。并且长白山旅游业、文化产业、特色资源产业取得了长足的发展。然而，长白山保护开发区管理委员会作为一种新的制度变迁，属于发展中的新事物，针对其发展道路上存在的一些疑惑，在一定程度上制约着长白山地区的健康发展。

一、管委会体制发展道路上的疑惑

（一）管委会行政地位尚不够明确、区域协调权威不足

就长白山管委会而言，在其成立之初就为其设置了较高的行政地位。2006 年管委会正式成立后，经过一段时间的工作发现最初的行政地位设立仍不足够，因此省政府迅速做出了调整："作为省政府的派出机构，正厅级建制"，"具有相当于市（州）政府的行政管理职权"。可以说，这种级别的行政设立以及市（州）政府的待遇使长白山管委会具有了"准地方政府"的行政地位。但是管委会毕竟不是真正意义上的一级地方政府，它所管辖区域内的安图、长白、抚松三县在行政隶属上仍划归与其同级别的延边州和白山市。因此，在长白山的保护与开发中，一旦出现竞争与冲突，

延边州与白山市将成为重要的竞争主体，甚至比管委会更为强势。此外，由于管委会不是真正意义上的一级地方政府，管委会辖区内没有设立人大机构，由此导致它不具备法定的行政规章制定权。区域内许多行政、社会事务的处理仍归原延边、白山相应政府部门负责，从而容易导致执法混乱与冲突，不利于长白山地区的稳定发展。

虽然，管委会对于长白山自然保护区等区域的直接统一管理以及对隶属延边州与白山市的相关区域所实施的委托管理在很大程度上能够保证保护开发区内的政令与执法的统一性。但是，长白山管委会毕竟还不是真正意义上的一级政府，而且它的行政地位只与周边的市、州类似平级。当各同级行政主体在人事、经济、行政等问题上出现严重冲突时，长白山管委会只具有一定的协商权。此时还需要这些行政主体的共同上级吉林省政府的协调与裁定。另外，长白山管委会体制的改革初衷，是探索设立一个最大程度上拥有独立管辖权的机构来协调处理区域内的保护与开发事务。但是当前这种区域协调权威不足的状况，也在一定程度上制约了地区的稳定发展，需要逐步探索，进一步改善体制来加以解决。

（二）不同区域行政主体利益纠葛

利益纠葛问题始终是跨区域公共资源治理中的核心难题。在长白山保护开发区的体制变革中，这种不同区域行政主体的利益纷争也十分明显。由于长白山周边区域的经济社会发展一直较为滞后，长白山景区的动植物与林业资源、旅游资源一直是维持当地经济发展的重要支柱。这也是对长白山区域进行行政区域调整，将长白山保护开发区设立为一级独立地方政府的最大障碍，因为这会剥夺周边的延边州与白山市等地区的主要经济发展与地方财政来源。长白山管委会成立之前，长白山归长白山自然保护区管理局和长白县、抚松县、安图县分别管理，长白山的门票收入25% 给各县，各县每年约有 2000 万元的税收，但是改革之后这部分财政来源必然消失；另外，各县在长白山前期开发过程中投入了大量资金进行基础设施建设（如开发山路等），如果进行体制改革必然意味着这部分前期投入的成本无法继续产生收益，因此如何在经济利益上与各县协调是体制改革面临的巨大障碍。

长白山管委会成立之初就考虑到了这种利益纷争问题，并采取各种办法缓解纷争。2005 年，在关于管委会成立的省政府文件中明确规定："延边州、白山市政府原对长白山旅游公路等基础设施的投入，可按投资数额评估作价后，分别入股参与长白山开发总公司或其子公司的经营与分配。省政府将增加长白山开发总公司的资本金投入，使延边州和白山市的相应利益得到保证"，同时在人事任命上规定："管委会的中层领导干部，由长白山管委会任免，分别征求省林业厅、延边州、白山市的意见"。这种规定在一定程度上减轻了体制变革的阻力，但是管委会成立运作后，周边地方政府感觉到了自身利益的受损，多次以政府意见、人大提案等方式提出不满意见，要求对体制进行改进。可见，管委会成立后并没有完全消除既有的利益冲突，这会限制管委会的职能发挥与保护开发区的稳定发展。

（三）体制变革中的法律冲突与法治体系不健全

长白山管委会在体制改革的过程中，既存在法律法规的冲突问题，也存在法治体系不健全的问题，从而成为体制变革中各种冲突与管委会职能权限不能顺利行使的隐患。许多人认为，长白山管委会的设立不但没有法律依据而且与有关法律法规相抵触：长白山管委会对延边州安图县原二道白河镇区、长白山和平旅游度假区等区域名为"统一管理"，实则是直接管辖这一区域内的政治、经济、文化等社会事务；之后，长白山管委会编制《总体规划》，又将属于延边州安图县区域内的 1098.5 平方公里区域面积列入其规划管理区（即直管区），将延边州白河林业局 1904.7 平方公里、和龙林业局 1704.89 平方公里列入其规划指导区。虽然《总体规划》所提及的规划管理区在形式上未改变区划，但在实际操作上与"统一管理"南辕北辙，这一做法与《民族区域自治法》第十四条"民族自治地方的区域界线一经确定，不得轻易变动；需要变动的时候，由上级国家机关的有关部门和民族自治地方的自治机关充分协商拟定，报国务院批准"、第二十八条"民族自治地方的自治机关依照法律规定，管理和保护本地方的自然资源"等规定，以及《延边朝鲜族自治州自治条例》第三条"自治州人民代表大会和人民政府依照宪法、民族区域自治法以及其他法律规定的权限，行使下设区、县、市的地方国家机关的职权，同时行使自治权"、第二十八条"自治州自治机关在国家计划的指导下，结合自治州的实际情况，自主地安排和管理自治州的经济建设事业"等有关规定不相符。应当指出，长白山管委会的设立主要是由于吉林省政府的推动，其设立依据也只属于经由省人民政府发布的行政命令，缺乏必要的法律依据，有待进行反思与调整。

（四）居民社区参与程度有待提高

随着长白山保护开发区旅游的快速发展，当地居民的参与意识不断提升，但其社区参与程度仍存在一定的局限性。一方面，在长白山的社区参与活动中，政府占主要地位，居民们主动参与旅游活动的意识仍有待提高。另一方面，社区参与的范围仍比较窄，居民在参与旅游决策、旅游监督和管理方面较少体现，居民参与社区管理中所体现的民主意识仍较弱，社区居民参与旅游发展的水平和层次有待提升。由于当地居民是长白山保护开发区治理绩效的直接感知者，他们的参与能够及时反馈保护区、景区治理中的问题，并使他们能够直接享受到治理开发所产生的效益，有利于实现"以人为本"的指导理念，促进地区的和谐发展。

二、未来发展对策建议

长白山管委会体制虽然还不够完善，在规划管理工作中也面临着诸多的问题，但是毕竟体制革新后所经历的时间还较为短暂，管委会的各项职能权限尚没有全部展开，相应的配套工作还没有完全到位，制度变迁后的效益与绩效还没有完全体现出来。因此，应当充分认识到制度变革必然会遇到阻力与挫折，但是只要坚定改革方向，将各项改革工作坚持不懈地推进下去，就一定能够为长白山保护开发区的自然保护与经济开发事业带来新的契机。

（一）建立工作临时联席会机制，签署协作治理契约

通过建立临时工作联席会机制，由分管副省长负责召集、处理相关紧急问题，可

以发挥带头与协调作用，提高管委会在长白山保护与开发事务中的协调权威。另外，推动长白山周边地方政府与管委会签署协作治理的契约，在协作治理契约框架的制约下，针对长白山管委会出台的各项政策，区域内的各级部门必须配合执行，不得以行政隶属关系为由挑战管委会的权威。但是相关部门特别是延边州与白山市拥有一定的申诉权，存在冲突与争端时可以向省政府进行申诉，由省政府协调解决，而不能对长白山管委会的事务进行直接干预。如此进一步理顺与完善既有制度体制，明确管委会的行政地位，合理配置其管辖权限，建立顺畅的政令传达与协调、执行机制。

（二）设立国家级旅游综合改革试验区，成立国家试点公园

旅游综合试验区，是在具有区域丰富密集的特色旅游资源区进行体制机制创新的实验，从而形成完整旅游产业链的旅游要素聚集区、旅游经济发达区。争取建立国家级长白山旅游综合试验区，成立国家试点公园，对于争取国家政策支持以及吸引外部稀缺要素、科学开发利用特色旅游资源、推进旅游业跨越式发展、创新发展地方经济的新模式具有重要意义。同时，也是探索旅游发展"先行先试"的新路子，谋求老工业基地经济发展方式转变的新突破。建立长白山国家级旅游综合试验区可比照海南国际旅游岛建设和桂林世界旅游城建设思路，建设中国大山岳型旅游试验区，建立由省政府统筹规划，周边各市、县具体运作的统分协同推进模式。

（三）国家新型城镇化试点，重新规划行政区域

二道白河镇作为国家首批新型城镇化试点镇，按照"一个主线、三个支撑"的试点思路，强化改革试点，初步确立行政管理创新、行政成本降低的设市模式；基本建立多元化投融资机制、公共服务供给机制和创新发展与生态文明建设体制，形成以林区生态旅游为主的可推广、可复制的发展路径与模式。推行大部制改革，对机构职能部门进行优化重组，减少机构设立。理顺权责关系，加快形成精干高效的政府组织体系。建立扁平化管理模式。率先实行直管社区的二级扁平化管理新模式，减少行政层级、提升管理效率、强化社区自治，辖区居民享有便民服务"直通车"。将部分部门工作人员下放到社区，行政管理经费直拨到社区。每个社区设立一个集

卫生服务、社会保障、基层法律服务、文化信息等为一体的"一站式"服务大厅。

（四）建立健全法律体系

针对长白山管委会体制变革中的法律冲突与法治体系不健全问题，需要由吉林省人大及其常委会通过立法的形式确立管委会体制变革的合法性，将长白山管委会的行政地位、管辖地域、职能范围等以法律法规的形式予以确立，从而使管委会具备法律上的权威性。另外，长白山管委会成立后，无论是在划分区域，还是在制定规划等方面，必须严格执行《中华人民共和国民族区域自治法》和《延边朝鲜族自治州自治条例》等法律法规，严格按照有关法律程序办事，坚决杜绝"有法不依，执法不严，违法不究"的现象，切实维护法律法规的严肃性。针对体制变革中的相关法律法规的冲突问题，有必要上报国务院以及全国人大常委会进行核准与协调。除了管委会管辖区域与管理形式的核定外，由于管委会还被赋予了各种社会、行政与执法事务的行使权，这些也必须通过法律法规的方式加以确定。在拥有了特定的管理权限后，管委会必须尽快成立相应的职能机构，尽快完成与原属部门、机构的对接与权能交接工作，消除保护开发区内新旧部门间的职能交叉、执法重复等现象。

（五）积极鼓励社区居民参与

长白山管委会的有效运作需要相关主体的积极参与，这既包括辖区内所涉及的各级地方政府主体、市场主体、事业单位主体，也涉及长白山保护开发区当地居民以及各种非政府、非营利的社会组织。在管委会相关的决策制定过程中，也要积极吸纳社会组织以及社区居民的参与，不断提高决策的科学化与民主化程度。长白山旅游的可持续发展尤其依赖于社区居民的共同参与，在未来的发展中，应努力实现景区与社区的融合，提高居民的社区参与意识，赋予居民更多的社区参与权利；通过对社区居民开展旅游就业的教育和培训，鼓励居民更多地参与旅游项目的发展，提升当地居民的旅游经营与旅游服务能力；建立合理的利益分配机制，让居民共同分享社区旅游发展红利，鼓励居民参与社区发展与社区保护；最终达到实现旅游发展与社会、经济、文化共同发展的目标。

参考文献

[1] 鲍超, 方创琳. 长白山生态旅游资源的组合开发与可持续发展 [J]. 延边大学农学学报, 2006, 28(2):115-122.

[2] 邓家荣. 长白山神话的王国 [M]. 北京：中国经济出版社, 2001.

[3] 胡志毅, 张兆干. 社区参与和旅游业可持续发展 [J]. 人文地理, 2002, 17(2):38-41.

[4] 吉林省人民政府关于进一步明确长白山保护开发区管理委员会管理体制和职能权限的意见 [J]. 吉林政报, 2006(18).

[5] 侯向阳, 韩进轩. 长白山红松阔叶混交林风灾迹地的更新与恢复 [J]. 林业科学, 1996, 32(5):419-425.

[6] 科斯, 阿尔钦, 诺斯等. 财产权利与制度变迁——产权学派与新制度学派译文集 [M]. 上海：上海人民出版社, 1994.

[7] 李俊清, 石金莲, 刘金福. 生态旅游学 [M]. 北京：中国林业出版社, 2004.

[8] 李立宪. 解说长白山 [M]. 北京：中国画报出版社, 2005.

[9] 李立志, 郝福江等. 关东第一名山长白山 [M]. 北京：地震出版社, 1993.

[10] 李强. 旅游城镇化发展模式与机制研究 [D]. 东北师范大学, 2013.

[11] 李文生. 吉林省长白山自然保护区管理局志 [M]. 长春：吉林长白山国家级自然保护区管理局, 1990.

[12] 李文生. 吉林长白山国家级自然保护区管理局志 [M]. 长春：吉林长白山国家级自然保护区管理局, 2006.

[13] 罗辉，梁建忠，黄晓园. 自然保护区及周边社区利益主体的博弈分析 [J]. 贵州大学学报：社会科学版，2010, 28(1):62–66.

[14] Murphy P. E.Tourism :A Community Approach[M].Methuen: New York and London, 1985.

[15] 潘秋玲，李九全. 社区参与和旅游社区一体化研究 [J]. 人文地理，2002, 17(4):38–41.

[16] Mitchell R. E, Reid D. G. Community integration : Island tourism in Peru[J]. Annals of Tourism Research, 2001, 28(1):113–139.

[17] 任啸. 自然保护区的社区参与管理模式探索——以九寨沟自然保护区为例 [J]. 旅游科学，2005, 19(3):16–19.

[18] 孙道玮，陈田，姜野. 长白山自然保护区的旅游资源综合开发与生态环境保护措施 [J]. 东北林业大学学报，2005, 33(5):97–99.

[19] 沈孝辉. "风灾" 变为人祸 [J]. 人与生物圈，2010(3).

[20] 王库. 中国政府生态治理模式研究——以长白山保护开发区为个案 [D]. 吉林大学，2009.

[21] 徐东北. 长白山旅游产品整合开发研究 [J]. 旅游纵览月刊，2013(2).

[22] 杨荣臻，王绍先，张加敏. 长白山保护区联合保护工作形势及对策 [J]. 吉林林业科技，1996(6):41–44.

[23] 杨荣臻. 长白山保护开发区管理体制改革分析 [D]. 吉林大学，2012.

[24] 张广瑞. 关于旅游业的 21 世纪议程 (一)——实现与环境相适应的可持续发展 [J]. 旅游学刊，1998(2):52–56.

[25] 张胜华. 景区规划与开发 [M]. 北京：北京理工大学出版社，2011.

[26] 邹统钎 . 旅游景区管理 [M]. 天津 : 南开大学出版社 , 2013.

[27] 邹统钎 , 郑亚娜 , 张芳 . 长白山遗产地管理体制创新模式研究 [J]. 世界遗产 , 2010(3):108-111.

[28] 邹统钎等 . 长白山遗产地管理体制模式创新研究调研报告 .

[29] 邹晓明 , 熊国保 , 马杰 . 区域旅游合作谫论 [J]. 江西社会科学 , 2004(11):231-234.

[30] 关于对长白山管委会管理体制方面的提案 .http://www.jl.gov.cn/zwgk/yatabl/zxwyta2010/2008/201011/t20101112_893073.html。

[31] 2013 年长白山区域发展座谈会专题 .http://www.changbaishan.gov.cn/zhuanti/2013qyfz/main.html。

[32] 长白山管委会 . 长白山保护开发区工作情况报告 . 2014。

[33] 四条线路饱览金秋长白山盛景 .http://www.cnta.gov.cn/html/2008-6/2008-6-2-14-32-12-4438.html。

[34] 王志纲工作室 . 解读万达密码——长白山国际旅游度假区侧记 . http://www.wzg.net.cn/article_show-1908-2.html。

[35] 徐晗 . 建立生态长白山 , 魅力长白山 , 和谐长白山 .http://www.jl.xinhuanet.com/newscenter/2009-03/06/content_15885998.htm。

[36] 综合网 . 吉林省长白山保护开发区管理委员会 . http://www.changbaishan.gov.cn/weball/main.aspx。

[37] 长白山管委会政务网 . http://www.changbaishan.gov.cn/web/jgsz.aspx。

[38] 塑造主题形象——关于打造长白山旅游品牌的话题 . 吉林日报 . http://jlrbszb.chinajilin.com.cn/html/2014-12/09/content_143742.htm。

[39] 顺势而为，万达的成功源于四次关键转型．凤凰网．http://finance.ifeng.com/a/20131209/11234806_0.shtml。

[40] 长白山旅游发展总体规划 (2011–2020)。

[41] Pinus koraiensis. The IUCN Red List . 2013–02.

[42] 红松 (Pinus koraiensis). 植物通 .

[43] 静怡．聚焦长白山旅游产业——体制创新篇，大麦旅游网．http://travel.damai.cn/scene/note_566031.html.

后 记

本案例是继《呀诺达模式》、《全景栾川》之后第三部MTA案例，《呀诺达模式》侧重旅游景区管理，《全景栾川》是县域旅游目的地发展的经典案例，而《大美长白山》则是对公共旅游资源保护与开发的管理体制的可资借鉴之作。长白山作为北京第二外国语学院长期合作的产学研基地，从20世纪90年代就开始了培训、科研与规划相合作。长期以来，双方的合作得到了长白山历任领导谢忠岩主任、霍建军副主任亲切关怀与大力支持，特别是管委会旅游局、孟凡迎局长多次来到北京第二外国语学院讲学与指导MBA/MTA人才培养。邹统钎教授多次参与长白山旅游规划制定、评审、人才培训以及"吉林八景"评审等活动。特别是2014年北京第二外国语学院由邱鸣副校长带队在长白山建立MBA/MTA产学研基地，并聘请孟凡迎局长作为产业导师，在长白山开展了深入的实践教学。从此，北京第二外国语学院与长白山的深度合作全面展开。

全书由邹统钎教授拟定大纲，统一组织编写，邹统钎、郝玉兰、赵英英、王畅和杨丽瑞负责统稿和文字编辑。具体分工如下：第一章由陈梓拧主笔；第二章由郝玉兰主笔；第三章由郭晓霞主笔；第四章由胡成华主笔；第五章由蔡锐主笔；第六章由江璐虹主笔；第七章由郝玉兰主笔。

本书是在长白山保护开发区管理委员会旅游局孟凡迎局长与杨荣臻副局长的特别关照和耐心指导下撰写的。长白山旅游局的安排课题组成员在长白山保护开发区驻扎一周进行详细调研，而且经过多次反复补充调查，并提供了长白山保护开发区丰富而翔实的资料。

本书得到北京市教育委员会 2013 年长城学者培养计划项目《中国遗产保护与旅游开发协调机制》（CIT & TCD20130302）（2013~2015 年）；北京市教育委员会 2013 年度创新能力提升计划项目（人文社科艺术类 TJSHS201310031011）北京旅游形象国际整合营销与创新传播战略研究（2013~2015 年）；北京市自然科学基金"北京市建设国际旅游枢纽的发展模式与协调机制研究"（资助编号：9132006）和中国"一带一路"战略研究院、北京第二外国语学院遗产旅游研究中心的支持。